KB093927

선진국형 부동산 투자법

SKIP THE FLIP

하이든 크랩트리 지음 | 박인섭 감역

봄봄
스토리

※ **일러두기**
이 책의 투자에 관한 설명은 일반적인 이해를 돕기 위한 것으로 국내의 현재 상황과 다를 수 있습니다.
구체적인 시례에 적용시 반드시 확인을 요하며, 투자의 책인은 투자자 본인에게 있음을 알려드립니다.

2022년의 대선정국을 지나 정권교체가 된 현시점에서 몇 년 동안 대한민국을 뒤흔들고 있는 대형이슈가 있다. 다름 아닌 부동산 투자를 통해 거대한 이익을 얻은 일부 사람들에 대한 분노와 부러움이다. 사실 부동산 투자는 수천 년 전 로마인 이야기에서 조차 거론되는 것을 보면, 인간이 정착 생활을 하면서부터 많은 사람들의 관심이 되었던 듯하다. 특히 정치적인 계급은 오랜 세월 많은 사람들의 투쟁으로 공식적으로는 사라졌지만, 경제적 계급은 보이지 않지만 인간의 마음속에 더욱더 깊이 자리 잡아온 듯하다.

부동산 투자는 다른 많은 투자 대상과는 달리 레버리지를 이용하여 적은 비용으로도 투자할 수 있다는 큰 장점 때문에 부자의 계급에 들어가기가 금융투자보다는 쉬운 면이 분명히 있다. 〈선진국형 부동산 투자법〉은 부동산 투자에 필요한 거의 모든 항목을 열거하고 설명하는 매우 흥미로운 책이다. 부동산 투자에 대한 가치와 위험은 물론이고, 한국에서는 적용하기 어려운 투자방법까지도 소개하고 있다. 즉 '현금흐름에 대한 분석', '상업용과 주거용에 대한 비교' 등등 부동산 투자에서 고려해야 할 거의 모든 대상과 분석기법을 다루고 있다.

이 책에서 소개한 몇몇 가지 투자 방법과 세금 관계는 미국과 한국의 상황이 다소 다른 부분도 있다. 하지만 미국의 부동산 시장이 우리나라와 비교하여 더 오랜 역사를 가진 점을 감안하면 우리에게도 머지않아 도매와 전매와 같은 투자 기법이 생길지도 모를 일이다. 정확히 일치하지는 않지만 미국의 전매와 한국의 분양권 투자는 일정부분 흡사한 측면도 있다. 또한 상업용 부동산 투자 시 고려해야 할 분석기법과 가치평가 방법 등은 한국에서도 부동산 투자를 전업 또는 부업으로 원하는 독자가 있다면 많은 도움이 될 것이다.

부동산 투자에서 한국에서는 주로 가치의 상승 부분을 많이 고려하기 때문에 현금 흐름 창출에 대한 투자기법은 아직은 초창기임에 분명하다. 이 책에서는 자산가치 상승만을 고려하는 투자보다는 현금 흐름을 창출하는 투자법이 부동산 투자에서 안전하게 수익을 만들어주는 방법임을 강조하고 있다. 아직도 국내 투자자들 일부는 여기에 의구심을 가질지 모르겠지만, 향후에는 확실히 현금 흐름을 창출하는 부동산 투자가 시대적 흐름이 될 것임을 인식하게 될 것으로 예상된다.

이 책은 부동산 투자를 하고자 하는 사람이 아주 기본적인 부동산 투자에 대한 이해를 돕는데 많은 도움이 될 것이라고 확신한다. 미국과 한국은 상황이 많이 다르다고 외면해버리고 지혜를 구하지 않는 투자자는 영원히 투자에서 성공하기란 어려울 것이다. 세상이 언제 어떻게 바뀔지 모르는 예측 불가능한 상황에서 우리나라보다 먼저 부동산이 확실하게 투자 대상이 되어 확실히 자리 잡은 미국의 부동산 투자 기법을 알아두는 것은 분명히 경쟁자보다 한 걸음 앞서가는데 있어 디딤돌이 될 것이다.

이 책이 부동산 투자에서 성공하기를 갈망하는 투자자들에게 명쾌하고 확실한 지혜와 방향을 제공할 것으로 확신하며, 독자들의 투자여정에 건승을 기원한다.

2022년 여름 문턱에
박 인 섭

서문

대부분의 사람들이 믿는 것과 달리, 나는 독특한 비즈니스의 '비결'은 공유되어야 한다고 생각한다. 나는 넉넉한 마음가짐을 실천하는 걸 좋아한다. 세상에는 우리 모두가 손에 넣을 수 있는 성공 경험이 아주 많다. 내가 부동산으로 부를 축적하는 방법을 여러분에게 제공한다고 해서, 내가 부동산으로 돈을 버는 것이 방해가 되는 건 아니다. 그래서 관대한 마음으로 내가 알고 있는 모든 비결을 공개하려고 한다.

이 책에는 장기적인 부와 월별 현금흐름을 창출하기 위해 직접 투자로 이동하는데 필요한 정보가 담겨 있다. 부동산을 뒤집어 보면 곧바로 돈이 된다. 현금화하기에 좋은 부동산에 투자하면 누구나 부자가 될 수 있다. 그래서 이 책은 유익하기도 하지만 매우 유용하다는 점이 더욱 중요하다.

여러분은 내가 금융과 부동산에 대해 알고 있는 모든 유용한 지식을 배우게 될 것이고, 내가 실제 경험에서 배운 지식도 배울 것이다. 나는 이 책을 여행을 시작하면서 독서를 할 수 있는 도구로 썼다. 여러분도 나의 조언을 받아들여 자신의 삶에 적용해 주었으면 한다.

미국 조지아 주 애틀랜타에서
하이든 크랩트리

머리말

이 책이 만들어진 과정은 다음과 같다.

나는 미팅에 참석한 후 동시에 영감을 받고 혼란스런 마음으로 그곳을 떠났다. 호텔을 나오면서 믿을 수가 없어서 머리를 긁적거렸다.

"어떻게 모두가 거대한 기회가 존재한다는 사실을 모를 수가 있지?"

나는 친구이자 동료인 부동산 투자자 헌터에게 물었다. 나에겐 너무나 상식 같은 일이었다. 누구나 자본으로 극단적인 부를 쌓고, 세금을 줄이고, 매달 현금흐름을 창출할 수 있는 그런 간단한 경로다.

내가 말하고 있는 행사는 35명의 고위급 기업가와 비즈니스 마인드를 가진 사람들과 만났을 때다. 똑똑한 사람들이 너무 많이 있었기 때문에 믿을 수 없는 주말이긴 했다. 이들 중에는 미국에서 가장 큰 회사의 대열에 끼어 있는 사람들도 있었다.

사람들에게 요즘 어떤 일을 하고 있는지 질문을 하면서, 그들이 빅데이터로 세상을 바꾸고 있으며, 여러 산업에 혁명을 일으키고 있다는 너무나 멋지고 멋진 이야기들을 듣게 되었다. 그들이 답례로 "요즘 뭐하면서 지내세요?"라고 물었고, 나는 "부동산 투자요"라고 짧게 대답했다.

만약 내가 조심하지 않았더라면, 나는 숨도 쉬지 않고 몇 시간 동안 부동산에 대해 이야기했을 것이다. 여러분들처럼 많은 사람들 역시 부동산 투자에 관심을 가지고 있기 때문이다. 많은 사람들과 이야기를 나눈 후, 부동산 투자는 개인마다 많은 다른 의미를 갖는다는 사실을 알게 되었다.

동시에 여러분들처럼 매우 수준 높은 똑똑한 사람들조차도 부동산의 가장 큰 '감춰진' 혜택들을 알지 못한다는 사실도 알게 되었다. 이러한 혜택은 매우 커서 금융생활을 획기적으로 변화시킬 수 있다.

첫 부동산 투자를 고려할 때, 평범한 경우와는 다른 접근방식을 취해야 한다. 대부분의 사람들이 하는 투자 방식은 천천히 시작하는 것이지만, 훨씬 더 빨리 뛰어들 수 있는 방법이 있다.

이 책은 그 단계를 건너뛸 수 있게 한다.

나를 거의 믿지 않는 사람도 내가 하는 일을 정확히 이해하면서 눈이 밝아지는 모습을 볼 수 있다.

"정말로 말이 되는군요! 언제 점심이나 하면서 이야기를 좀 더 들을 수 있을까요?"

이 책을 쓴 이유가 그것이다. 대부분의 사람들이 급여 생활을 하고 있고, 믿을 만한 부차적인 소득이 없으며, 우리가 사는 현대에 진정한 부가 어떻게 만들어지는지 거의 알지 못하고 있기 때문이다.

'좋은 회사에 취직해 연금에 가입하고 연금을 받아라.'

이런 진실이 사라진지 이미 오래다. 젊은 세대들은 노년에 의지해야 할 연금이나 사회보장 혜택을 받지 못할 수도 있다. 우리는 이 경제적 행성에서 스스로 살아가야 한다. 나는 사람들에게 말한다. "500만 달러든, 5,000달러든, 5달러든 상관없다. 세상에서 가장 강력하고 불황에도 강한 '현금성 부동산'으로 부를 쌓을 수 있는 방법이 있다."

이 책에서, 여러분은 어떻게 현금성 부동산이 다른 어떤 투자보다 덜 위험하고 더 수익성이 높은지 알게 될 것이다. 여러분은 또한 지금 당장 얼마나 많은 현금을 가지고 있든 간에, 현금과 자산을 매달 기하급수적으로 증식하기 위해 사용할 수 있는 쉽고 검증된 방법을 배우게 될 것이다.

나는 부동산과 금융 학위를 가지고 대학을 수석으로 졸업했다. 그러나 22살에 졸업하기 전에, 나는 이미 여러 주택을 거래하고, 6건의 주거용 임대 부동산을 소유했으며, 2건의 상업용 부동산을 공동 소유했고, 다른 사람들이 700만 달러 이상의 부동산에 투자할 수 있도록 도왔다.

이 책을 읽고 나면, 당신은 소득을 지키고 세금을 줄일 수 있고, 부동산에 대해 60초 내에 가격을 매길 수 있으며, 좋은 부채와 나쁜 부채의 차이를 알게 될 것이다. 이는 올바른 방법으로 부동산에 투자함으로써, 부를 증가시키기 위한 실행 계획을 만드는데 도움이 될 것이다.

〈부자 아빠, 가난한 아빠〉의 저자 로버트 키요사키는 "부자들은 돈을 위해 일하지 않는다. 부자들은 더 많은 돈을 벌 수 있는 자산을 매입하기 위해 돈을 사용한다."고 말한다.

평균적인 백만장자는 7가지의 소득 흐름을 가지고 있는데, 여러분은 이 책에서 어떻게 하면 매달 부동산에서 안정적이고 거대한 소득 흐름을 만들 수 있는지 배우게 될 것이다.

이 책을 읽고 나면, 여러분이 부동산으로 이익을 얻고 소득의 여러 흐름을 구축하는 방법을 완전히 이해할 것이라고 약속한다. 그리고 내가 대학에서 부동산 학위를 통해 배운 모든 것을 200페이지 정도로 알려드릴 것을 약속한다.

이 책은 짧고 달콤한 가이드가 되도록 고안되었다. 따라서 불필요한 정보에 소중한 시간을 낭비하지 않아도 된다. 모든 페이지가 유용하고 적용 가능하다.

금융 교육에 투자하는 것을 꺼린 나머지, 인생을 변화시키는 거래를 놓치는 사람이 되지 말자. 자신의 금융 생활에 책임을 지는 사람이 되자. 자신과 가족을 위해 영원히 남을 부를 창출하는 사람이 되자.

다음 페이지의 정보는 전 세계 백만장자의 90%를 만드는 데 전적으로 책임을 졌다. 만약 당신이 부동산으로 무엇을 하고 있는지 안다면, 매년 수백만 달러의 추가수입을 얻게 될 것이다. 하지만 만약 기초와 올바른 방법에 대해 공부하지 않는다면, 2008년 '금융위기'에 많은 사람들이 그랬던 것처럼 모든 것을 잃을 수 있다. 그래서 이 책은 당신과 주위 사람들의 삶을 변화시킬 기회를 제공하는 당신의 뇌를 연마하기 위한 운영체계이기도 하다.

자, 준비가 되었는가?! 좋다! 달려보자!!

PART

01

가면을
벗기자

성공적인 부동산 투자를 시작하기 전에 먼저 심리 점검을 해보자. 성공을 빠르게 이끌어내기 위해, 여러분이 할 수 있는 가장 중요한 일은 새로운 사고방식을 갖는 것이다. 만약 여러분이 낡은 사고방식에 사로잡혀 있다면, 읽는 정보는 반향을 일으키지 못할 것이고, 행동에 아무런 영향도 미치지 못할 것이다.

그것은 내가 원하는 바가 아니다.

왜냐하면 정보는 오직 그것을 실행에 옮겼을 때만 효과를 발휘하기 때문이다. 다음 장에서 제공하는 정보는 대학 교육비로 5만 달러 이상, 세미나 및 코칭 비용으로 2만 달러 이상의 비용이 들었다.

또한 시행착오를 통해 정보를 활용하기까지는 또 수년이 시간이 걸렸다. 당신은 이 책을 읽음으로써 그런 시간낭비를 하지 않고 활용할 수 있게 될 것이다. 여러분의 새로운 사고방식에 대한 점검을 시작하기 전에, 사실도 아니고 여러분의 부동산 투자 성공을 방해하는 몇 가지 잘못된 신화를 살펴보자.

부동산 투자 자격증

부동산으로 돈을 벌기 위해서는 학위나 면허증이 필요하지 않다. 많은 사람들은 부동산에 투자하기 위해서는 시험을 거쳐 대리인이나 중개인이 되기 위한 면허를 받는 과정을 거쳐야 한다고 생각한다. 사실은 그 반대다. 부동산 관련 자격증을 따는 것은 실제로 더 나은 투자를 방해할 수 있다. 당신이 부동산 거래 면허를 가지고 있을 때, 투자 성공에 방해가 되는 일종의 기준을 갖게 된다.

내가 아는 가장 성공적인 투자자는 자격증이 없었을 뿐 아니라, 시작하기 위해 자격증이 필요하지도 않았다! 나는 이 책에서 투자자가 무엇을 하고 어떻게 돈을 버는지에 대해 이야기할 것이다. 훌륭한 투자가가 되기 위해 자격증이 필요하지 않으니, 괜히 자격증을 따느라 시간을 낭비하지 말길 바란다.

부채는 나쁘다

여러분은 자신의 금융 활동을 바꾸길 원하는 사람들에 대해 들어봤을 것이다. 그리고 그들은 신용카드를 가위로 썰어버린다. 이는 부를 위해 당신의 가야할 길이 아니다. 물론 부동산 투자에서 성공을 거두려면 빚을 잘 갚아야 한다.

제8부에서 부채에 대해 깊이 파고들겠지만, 현재로서는 부채가 좋지도 나쁘지도 않다는 것이며 편견을 갖지 말아야 한다. 대신에 부채는 도구라는 생각이 중요하다. 부채는 사용자가 만드는 것이다. 빚은 좋기도 하고 나쁘기도 하다. 빚을 쇠톱으로 생각하라. 올바르게 사용하면 전기톱 없이 10분의 1의 가격으로 나무를 자를 수 있다.

도끼로 나무를 베는 데 한 시간이 걸릴 수 있지만, 쇠로 된 톱으로는 10분 내에 할 수 있다. 하지만 쇠로 된 톱은 매우 유용하지만, 조심스럽게 다루지 않으면 디칠 수 있다.

"모든 빚은 나쁘다."고 말하는 사람이 있다면, 그 사람의 말은

듣지 마라. 그 사람은 부채가 가질 수 있는 잠재력과 잠재적 이익을 모르는 사람이다.

미국만 보더라도 엄청난 부채를 안고 있다. 일부 사람들은 그것이 나쁘다고 생각할 테지만, 그 부채가 미국 경제를 세계로 확장시키고 미국인들에게 세계에서 가장 높은 생활수준을 영위할 수 있게 한다.

이 책을 쓸 당시 애플은 2,450억 달러의 현금을 가지고 있지만 여전히 부채를 이용하고 있다. 왜 그런 것일까? 그들은 부채를 올바르게 사용할 때, 이익에 긍정적인 결과를 가져올 수 있다는 것을 알고 있기 때문이다.

돈은 필요 없다

"부동산에 투자할 돈이 있어야지요."

이는 많은 사람들이 투자를 시작하는 것을 가로막는 가장 큰 정신적 장애물 중 하나다. 이 장애물을 극복하기 위해 여러분이 사용할 수 있는 몇 가지 전략이 있는데, 여러분은 이 책에서 몇 가지 방법을 배우게 될 것이다.

내가 부동산에 처음 발을 들여놓았을 때 이것은 나를 가장 방해하던 잘못된 믿음이었다. 나는 나에게 돈이 쌓이기 전엔 결코 부동산으로 성공하지 못할 것이라고 생각했다. 코치를 고용하고 투자 기법을 배웠을 때, 비로소 돈이 있어서 부동산에 투자하지 않고도 부를 쌓을 수 있다는 것은 진정한 이유가 아니라는 사실을 알 수 있었다.

잘못된 믿음을 극복하기 위한 좋은 사례는 이 책에서 찾아볼 수 있다. 내가 어떻게 가진 돈도 없이 연간 10만 8,000달러를 벌 수 있는 300만 달러의 부동산을 구입할 수 있었는지 알게 될 것이다.

그렇다. 1년에 10만 8,000달러다, 그것도 무일푼으로. 여러분도 똑같이 할 수 있다! 이 정신적인 장애물을 극복하는 첫 번째 열쇠는 투자가 어떻게 작용하는지 알아야 하고, 투자자로서 자신에 대한 신뢰를 쌓는 것이다. 이는 배움으로써 이뤄지는 것이며, 모든 사람들이 겪어야 할 과정이다. 이 책을 읽는 당신은 자신을 교육하는 올바른 길을 걷고 있다.

부동산 리스크

2008년에 버블 붕괴로 몰락한 많은 사람들의 말을 들어보면, 그들은 당신에게 절대로 부동산의 세계에 발을 들여놓지 말라고 조언할 것이다. 많은 사람들이 2008년의 폭락에 관해 잘 알지 못하는 사실이 있다. 일부 투자자들은 그 기간 동안 엄청난 부를 얻게 되었다는 점이다. 그들은 다른 사람들의 실패를 활용해 막대한 부를 쌓을 수 있었다. 투자의 기본 법칙을 이해한다면 당신도 그렇게 할 수 있다!

2008년 금융위기에서 손실을 입은 투자자들은 이 책에서 제시하는 부동산 투자의 기본을 따르지 않았다. 하지만 여기서 말하는 것과 같이 좋은 기본을 따른 투자자들은 새로운 인생을 창조할 수 있었다.

불황의 고통을 피하기 위해 따라야 할 핵심이 되는 기본은, 한 번의 이익을 위해 부동산을 매입하기보다는 현금흐름을 창출하기 위해 하는 것이다. 모든 투자가 어느 정도 위험을 감수하지만,

만약 당신이 기본적인 법칙을 따른다면, 위험을 대폭 줄이고 어떤 침체나 불황으로부터도 이익을 얻을 수 있도록 자신을 설정할 수 있다.

당신의 위기는 지나고 보면 기회인 경우가 대부분이다.

주택 고쳐 팔기에 투자

주택을 보수한 뒤 되파는 것을 성공적으로 한다면 큰 수익을 만들어낼 수 있다. 그러나 주택 되팔기는 투자가 아니며, 부동산으로 부를 창출하는 진정한 방법이 아니다. 투자라기보다는 수리 후에 되파는 것으로, 항상 매입 후에 판매를 목적으로 한다. 이는 상업용 부동산 투자로 창출할 수 있는 안정성과 현금흐름을 만드는데 어려움이 따른다.

주택 되팔기는 활동적인 일, 또는 여러분이 할 수 있는 일종의 사업이다. 이를 투자라고 생각하여 자신을 혼란스럽게 하지 마라. 만약 당신이 일자리를 찾고 있거나 추가 수입을 창출하기 위한 부업을 하고 있다면 주택 되팔기는 나쁘지 않다. 이것의 목표는 매달 당신에게 현금을 가져다 줄, 현금성 부동산에 투자하기 위한 자금을 만드는데 필요한 것이다

도매업을 하는 사람들이 주택 되팔기를 투자로 여기지 않는 것처럼, 당신 역시 그것은 부동산 투자가 아니라는 점을 알고 있어

야 한다. 도매업은 구매자와 판매자를 유료로 연결해 주는 사업일 뿐이다. 도매가 무엇인지 모르는 분들을 위해, 제14장에서 간략히 설명할 것이다.

주택 되팔기와 도매는 부동산 투자가 가져다주는 엄청난 이면의 혜택을 제공하지 않는다. 그리고 이 책을 통해 그것의 이점에 대해 모두 알게 될 것이다.

사실 나는 되팔기보다는 도매를 선호한다. 도매 역시 되팔기와 같지만 많은 위험을 없애주기 때문이다.

주택은 투자가 아니다

왜 이것이 잘못된 믿음인지 이해하기 위해, 자산이 무엇인지, 부채가 무엇인지 빨리 정의해 보도록 하겠다. 자산은 돈을 주머니에 넣는 것이다.

자산

부채는 주머니에서 돈을 꺼내는 것이다.

부재

부동산 투자에서 당신의 목표는 일을 하지 않고 매달 당신에게 돈이 들어오는 자산을 획득하는 것이다. 휴가 중이거나 좋아하는 다른 일을 하고 있어도 자동으로 돈이 들어온다는 뜻이다.

당신이 소비하는 돈보다 더 많은 돈을 벌어주는 자산을 획득할 때, 당신은 재정적 자유를 얻게 된다. 직업에 의존하기보다는 자산에 의존해서 지불할 비용을 얻을 수 있게 되는 것이다. 경제적 자유는 우리가 원하는 궁극적 목표가 아닌가!

당신이 살고 있는 집이 좋은 투자가 아닌 이유를 찾아보자.

개인 용도로 구입한 주택은 비용이 들어간다. 수리, 보험, 세금, 그리고 주택 담보대출에 대한 비용을 지불해야 한다. 이 모든 것은 당신 주머니에서 돈이 나와야 한다는 걸 의미한다. 이것이 부채의 정의이다. 반대로, 만약 그 집을 임대하여 주머니 속으로 들어오는 수입을 창출하기 시작한다면 현금성 자산이 될 것이다.

주택이 훌륭한 투자라는 생각은 대출 고객을 필요로 하는 은행들이 우리에게 파는 상품이다. 은행은 누군가에게 돈을 빌려줄 때 돈을 번다. 수익을 늘리기 위해서는 대출을 더 많이 해야 한다.

그래서 은행들은 '아메리칸 드림'이라는 아이디어를 팔고 있으며, 앞마당에 하얀 울타리가 있는 자신의 집을 소유하는 것이라고 선전한다. 마침내 당신이 주택 소유라는 '아메리칸 드림'을 이루게 되었을 때, 당신은 그 집을 사기 위해 은행에서 돈을 빌리고 은행은 더 많은 돈을 벌게 된다.

물론 주택 소유를 반대하지는 않는다. 하지만 여러분이 살고 있는 집은 자산이 아니라 부채라는 사실을 이해해야 한다. 지금 이 글을 읽고 계신 많은 독자들은 이런 의문을 갖게 될 것이다.

"하지만 집값이 오르면 수익이 되지 않나?"

그렇긴 하다. 하지만 부를 위한 부동산 투자의 기본 법칙은 현금성 자산을 얻기 위한 투자를 말한다. 당신이 살고 있는 집은 현금을 창출하지 않기 때문에 자산이 아니다. 만약 당신이 가격 등락에 돈을 걸었다면 그것은 도박이지 투자가 아니다.

이제 내가 결함 있는 생각들을 해결했으니, 여러분은 그것들을 제쳐두고 다가오는 수업에 집중하면 된다. 부동산 투자라는 여정에서 이런 이야기가 나올 때, 이 장을 참고 자료로 활용하면 될 것이다.

부동산
대
주식

여정의 다음 단계는 부동산과 다른 투자 형태 간의 차이를 이해하는 것이다. 대부분의 사람들은 투자에 대해 생각할 때 주식시장을 떠올린다. 주식시장은 내가 타고 싶지 않은 롤러코스터이다. 그리고 부동산 투자는 주식시장과 근본적으로 다르다.

나는 부동산 투자라는 여정을 시작하기 전에, 잠시 주식투자에도 발을 담궈 본 적이 있다. 먼저 주식의 기초에 대한 공부를 하고 회사들에 대해 기술적 분석을 했다. 하루 종일 차트를 들여다보며 나에게 유리하게 가격이 오르거나 내리기를 기도하며 두려움에 떨었다.

내가 사거나 파는 주식이지만, 나는 주식시장의 가격을 통제할 수 없었다. 나는 나의 투자를 통제할 수 있기를 원했다! 이것이 주식시장과 부동산이 근본적으로 다른 이유이다. 당신은 주식을 통제할 수 없지만 부동산은 통제할 수 있다. 많은 사람들이 사상 최고의 투자자인 워렌 버핏이 주식으로 막대한 자산을 구축했다는 점을 들어 이 주장에 반박할 것이다. 그가 주식투자에서 큰 성공을 거둔 것은 사실이다. 하지만 항상 워렌 버핏이 주식만 산 것이 아니라는 점을 지적하고자 한다.

워렌 버핏은 사업체를 사들인다. 그는 전략적으로 사들인 회사들을 통제하고 장기간에 걸쳐 가치를 더할 수 있도록 더 많은 회사들을 매입했다. 나는 여러분에 대해 잘 모르지만, 내 노력에 대한 결실을 보기 위해 10년 이상을 기다리고 싶진 않다. 단지 매달 들어오는 현금성 자산에 대해 좀 더 통제를 하고 싶을 뿐이다.

부동산 투자자의 삶이 주식투자자와 어떻게 다른지 몇 가지 요점을 통해 알아보자.

통제

부동산은 소유자에게 자산의 가치를 통제할 수 있는 능력을 부여한다. 아무리 노력해도 주식의 가치는 통제할 수 없다. 주식을 조사하는 데 끝없는 시간을 보낼 순 있지만, 여전히 투자 가치를 통제할 순 없다. 주식에 투자했을 때 당신의 돈의 운명은 다른 사람의 손에 달려 있고 조작될 수 있다.

부동산 투자에서는 자산의 가치를 통제할 수 있다. 당신은 어느 날 아침에 일어나서 대통령의 트윗이 당신의 돈의 가치를 10% 증가시키거나 감소시켰다는 급변화를 보지 않아도 된다.

이 책에서 얻을 수 있는 가장 큰 교훈 중 하나가 있다. 부동산은 소유주가 갖고 있는 통제력 때문에 다른 모든 형태의 투자보다 우월하다는 점이다.

운명을 통제할 수 있는 위치에 서라!

다른 사람에 의지하지 말고 당신 자신을 위해 부동산에 투자하라!

유형의 자산

부동산은… 글쎄, 진짜일까. 당신은 이것을 직접 만져볼 수 있고 사용할 수도 있다. 방문하거나 개선, 수리도 할 수 있다.

부동산 투자의 좋은 점은 세상의 일부를 소유하고 있다는 점이다. 또 세상에서 다른 어떤 것과도 다른 종류의 것이다.

만약 당신이 애플 주식을 보유하고 있다면, 8억 개의 동일한 주식들 중 하나를 소유하고 있는 것이다. 당신은 만질 수도 없고 바꿀 수도 없다. 애플에 가서 "이렇게 바꾸자. 이런 식으로 하면 돈을 더 벌 수 있을 것 같다."고 말할 수도 없다. 당신은 그저 그들의 가상의 롤러코스터를 타고 있는 것뿐이다. 만약 해변가에 단기 임대 부동산을 가지고 있다면, 당신은 그곳에서 휴가를 보낼 수 있다. 만약 아파트 단지에 있는 아파트를 소유하고 있다면 당신은 그곳에서 살 수도 있다. 혹은 창고 시설을 가지고 있다면, 그곳에 물건들을 보관할 수 있을 것이다. 주식을 가지고 있다면 당신은 그 주식을 어떻게 사용할 것인가? 그것은 진짜가 아니고 실재적이지 않다.

예측 가능성

주식시장에서는 시간이 지날수록 일반적으로 가치가 상승하는 경향이 있다. 하지만 내일, 다음 달, 혹은 내년에 당신의 주식이 얼마나 오를지 예측할 수 없다. 많은 이들이 평생 몇 개의 주식에 묶여, 일한 재산의 대부분을 맡겨두고 있다. 그 회사가 예상보다 낮은 수익률을 내고, 주가가 하락하면 어떻게 될까?

펑, 사라진다.

그것은 재정 계획의 일부가 아니지 않는가? 여기서 중요한 것은 최대한 확실하고 예측 가능한 방식으로 투자해야 한다는 점이다.

그리고 부동산은 예측 가능하다. 당신이 그것을 구입하기 전에 얼마나 돈을 벌 수 있고, 언제 벌 것인지 매우 정확히 추정할 수 있다. 임대료가 납기일과 얼마인지 알고 있을 테니까.

당신은 자신의 재산 가치가 얼마나 되는지, 그리고 그 부동산을 팔면 얼마나 얻을 수 있을지 알고 있다. 다른 사람이 당신을 통제하게 만들지 말라. 당신이 조종하면 된다!

부채는 친구다

레버리지의 정의는, 어떤 것을 최대한 유리하게 사용하는 것이다. 문을 열기 위한 쇠막대 지렛대일 수도 있다. 우리는 스스로 할 수 없는 일을 하기 위해 금속 조각을 사용한다. 자신을 위해 법률 문제를 처리해 줄 변호사를 고용하는 것도 마찬가지다.

지식이 있는 사람이 스스로 당신을 위해 무언가를 할 필요는 없다. 그럼에도 당신은 변호사를 고용한다. 당신의 이익을 위해 변호사를 활용하는 것이다. 부동산의 경우, 은행을 이용해서 우리 돈으로 살 수 있는 것보다 더 많은 부동산을 살 수 있다. 당신은 이미 주택 담보대출을 통해 이 개념에 익숙할 것이다.

10만 달러짜리 주택을 구입할 때, 은행에 가면 8만 달러를 대출해 줄 것이다. 당신은 순수하게 자기 돈 2만 달러를 넣게 된다. 이 개념이 바로 레버리지이고, 자신이 가진 돈으로 살 수 있는 것보다 더 많은 자산을 살 수 있게 한다.

이렇듯 우리는 부를 늘리기 위해 다른 사람의 돈을 사용한다.

만약 당신이 10만 달러를 가지고 있다면, 자기 돈 10만 달러로 그 집을 살 수 있을 것이다. 하지만 레버리지를 이용하여 같은 집을 2만 달러, 은행 대출 8만 달러로 살 수 있기 때문에, 한 채 대신 다섯 채를 살 수 있다는 것이다.

부동산 레버리지에는 엄청난 힘이 있다!

PART 8에서 레버리지 활용과 이것이 여러분의 삶에 가져다줄 이점에 대해 자세히 설명하겠다.

정치적 위험

  그들을 사랑하든 싫어하든, 정치인들은 우리의 경제 전체에 큰 영향을 미친다. 대통령이 외교정책, 금리 또는 그 밖의 어떤 것에 대해 트윗을 할 때, 주식시장에 투자된 모든 사람들의 삶에 영향을 미친다.

  한편, 부동산 투자자들은 부동산이 계속 현금을 생산하고, 세금을 줄여주며 부를 쌓게 한다는 것을 알고 있다. 부동산 투자자들은 월가와 뉴스에서 무슨 일이 일어나고 있는지 거의 신경을 쓰지 않는다.

  우리는 매월 1일에 임대료를 받고, 세입자들에게 우리의 경비와 빚을 갚게 하고, 매달 현금을 주머니에 넣도록 할 뿐이다.

수입을 보호하라

나중에 세제 혜택의 전 구간을 살펴볼 예정이지만, 일단 미국 세법에 부동산 투자자들이 '유령의 비용'을 쓸 수 있게 하는 허점과 인센티브가 있다는 점을 알아둘 필요가 있다.

이러한 혜택은 전매업자, 대리점, 중개업자 또는 도매상에게는 제공되지 않는다. 혜택은 진정한 투자자들에게게만 주어진다. 우리는 실제로 세금으로 지불할 필요가 없는 많은 항목들을 세금 신고서에 포함시켜 환급 받을 수 있다.

이는 세금으로부터 우리의 수입을 보호할 것이고, 어떤 식으로든 세금이 부과되지 않고 돈을 벌 수 있게 해준다. 그리고 이 방법은 매우 강력하고 매우 현실적이다.

큰 세제 혜택으로 인해, 투자자가 세금으로 내려 했던 돈으로 다시금 자산을 매입할 수 있다.

세제 혜택에 관해서 PART 7을 지나쳐선 안 되는 이유이다. 세금은 대부분의 사람들에게 있어 가장 큰 비용이다. 만약 당신이 매년 가장 큰 비용을 줄이거나 없앨 수 있다면, 당신의 금융 생활이 어떻게 변화될까?

창의력이 필요하다

 부동산 투자를 통해 우리는 창의력을 발휘할 수 있다! 부동산을 매입하기 위해 거래하려고 하는가? 창의력을 발휘하라!

 투자자로서의 요구와 매입하고 싶은 부동산 소유자의 요구를 충족시키기 위해 사용할 수 있는 선택지는 무궁무진하다. 또한 여러분은 소득을 늘리고, 비용을 줄이고, 세입자를 행복하게 만들기 위해 부동산을 어떻게 운영하는지 창의력을 발휘할 수 있다.

 그렇게 하면 자산 가치가 증가한다! 주식에서는 통제할 수 없던 방법으로 당신의 자산을 통제할 수 있다.

 부동산 = 통제, 안정성, 예측 가능성, 세제 혜택
 주식 = 통제, 조작, 거래에 대한 세금

 요약하자면, 부동산에서 자신의 재산을 사용하여 수익을 얻고, 미래 소득을 예측하고, 부채를 친구처럼 사용하고, 은행의 돈을 이용해 부를 쌓고, 세제 혜택을 누리며 거래를 완수하기 위해 창의력을 활용할 수 있다.

왜 부동산이 주식시장보다 더 안정적이고 생산적인지 눈을 뜨기 바란다.

부동산 투자는 풋볼에서 공격하는 것과 같다. 당신은 선수들에게 지시하여 적절히 선수를 배치하고 공을 어떤 선수에게 줄지 결정할 수 있다.

주식에 투자하는 것은 방어와 같다. 다른 팀이 어떻게 할 것인지 예측해야 한다. 그러나 만약 당신이 틀린다면 지게 된다. 사전 예방적이냐 사후 대응적이냐의 문제이다. 돈에 관해서는 사전 예방적으로 통제할 수 있어야 한다.

부동산에서 돈을 버는 다양한 방법

부동산 투자에 대해 배울 특정한 방향에 대해 간략한 배경 지식을 제공하려면, 부동산에서 수익을 낼 수 있는 다양한 방법들에 대해 간략한 소개가 필요할 것이다. 이렇게 하면 당신이 다른 사람과 이야기를 할 때, 기본적인 수준의 교육만 받았음에도 전문가처럼 보일 것이다.

다음 장을 읽고 각각의 장단점을 확인해 보자.

도매란 무엇인가?

도매, 이것은 무엇인가? 부동산 도매는 부동산을 실제로 사지 않고도 돈을 벌 수 있는 좋은 방법이다. 도매상은 때때로 거간꾼으로 일컬어질 수 있다.

도매업자가 하는 일은 시장에 들어가서 장기투자를 위해 부동산을 사려는 투자자에게 팔만한 물건을 찾아주는 것이다. 또한 이들은 매입 후 수리해서 전매할 수 있는 물건을 찾고 있을 수도 있다.

도매업을 하기 위한 단계는 다음과 같다. 도매업자는 이웃을 돌아다니면서 자신들이 찾고 있는 것에 맞는 부동산을 찾기 위해, 온라인에 접속해서 적절해 보이는 모든 물건의 목록을 만든다. 그런 다음 그 부동산 소유주들에게 연락하여 그들이 그 부동산을 팔기를 원하는지 물어본다.

이들이 찾은 부동산은 대부분 상태가 좋지 않아 작업이 필요하다. 이는 소유주들에게 매매를 불러일으키는 동기부여가 될 수 있다. 많은 소유주들이 아니라고 말하겠지만, 몇몇은 팔고 싶다고 말할 것이다.

이 시점에서 도매업자는 부동산에 대한 지배권을 갖기를 원한다. 그 부동산을 '계약(가계약)'에 넣음으로써 그렇게 할 수 있다. 이것은 구매자와 판매자 사이의 공식적인 계약이지만, 실제로 판매자에게 부동산 거래에 대한 돈을 지불할 때까지는 약간의 시간이 필요하다(이것은 표준이다).

일단 부동산이 계약 하에 있으면, 소유주는 다른 구매자에게 부동산을 팔 수 없으며, 계약에 명시된 조건에 따라 당신에게만 부동산을 팔 법적 의무가 있다. 이제 이 계약으로 인해 부동산은 구매자인 도매상의 통제 아래에 놓이게 된다.

계약서가 정식으로 작성되면, 도매업자에게 구매자를 찾을 권한이 생긴다. 즉 다른 사람에게 이 물건을 사도록 하고, 도매업자는 보통 수수료를 받는다.

일반적으로 도매업자에게 지불하는 수수료는 없다. 도매업자가 얼마를 받느냐는 판매자가 그 부동산을 팔기로 동의하는 가격, 그리고 부동산의 가치에 따라 달라진다.

예를 들어 데이브는 도매업자이다. 그는 ABC 거리에 있는 한 집을 찾아갔다. 한 눈에 봐도 낡아 보이는 집이다. 그리고 약간의 사랑이 필요해 보인다. 데이브는 조사를 조금 한 다음 빌이 소유하고 있다는 것을 알게 된다. 데이브는 빌에게 연락해서 그 집을 사고 싶다고 말한다. 데이브는 자신의 지식을 동원해 그 집이 10

만 달러의 가치가 있고, 수리한다면 15만 달러로 올라갈 것이라고 계산한다.

데이브는 빌에게 가서 5만 달러를 제안한다. 처음에 빌은 화가 났지만 데이브에게 6만 5,000달러면 팔 수 있다고 말한다. 데이브는 빌과 계약을 하고 계약 후 60일 이내에 6만 5,000달러에 매매하기로 합의한다. 이제 데이브는 자신이 알고 있는 투자자인 톰을 찾아가 자신이 보유한 이 엄청난 부동산에 대해 이야기를 한다. 즉 그 집이 현재 10만 달러의 가치가 있는데, 만약 톰이 수리비로 2만 달러를 지불한다면, 15만 달러로 가치가 올라갈 것이라고 말한다.

또한 그는 톰에게 오늘 이 집을 9만 달러에 팔고 1만 달러의 지분을 줄 것이라고 말한다. 즉 1만 달러를 싸게 팔겠다는 것이다. 이는 톰에게 아주 달달하게 들리고 톰이 원하지 않을 이유가 없는 것이다. 그래서 톰은 동의한다.

톰은 데이브에게 9만 달러를 지불하고 데이브는 빌에게 6만 5,000달러를 지불함으로써 모두가 행복해졌다!

데이브는 그 집을 사거나 어떤 돈도 내놓지 않았다. 그는 톰에게 9만 달러에 이 계약을 성사시킨 것이다. 그리고 데이브는 즉시 9만 달러에서 6만 5,000달러를 빼고 2만 5,000달러의 수익을 얻을 수 있었다!

이는 하나의 사례이다. 이러한 거래에서 얻는 이익은 이보다 훨씬 적을 수 있고, 또 어떤 것은 이보다 훨씬 더 클 수 있다.

장점

- 돈이 필요 없거나/아주 적음
- 신속한 현금
- 인터넷과 휴대폰으로 미국 어디서나 할 수 있음

단점

- 일회성 현금
- 톰이 실패해서 돈을 지불하지 못할 위험이 있다.
- 정규 수입으로 간주됨
- 세제 혜택 없음
- 당신은 여전히 일을 하고 있다. 이건 투자가 아니다. 당신이 일을 그만두면 돈도 들어오지 않는다.

전매의 속성

여러분은 부동산 전매에 이미 익숙할 것이다. 하지만 왜 그것이 투자가 아닌지를 이해하기 위해, 잠깐 시간을 내서 전매에 대해 살펴보자.

전매 과정은 구식이고 성가신 작업이 필요한 부동산을 매입하는 것이다. 일단 작업이 끝나면, 그 부동산의 가치가 개선을 위해 사용한 돈보다 더 많이 증가하기를 바랄 것이다. 몇 가지 키워드로 정의해 보겠다.

ARV는, 수리 후 가치를 나타낸다. 이는 집을 고친 후에 소유주가 팔 수 있는 부동산이다.

거래 완료 비용은, 부동산 소유주가 부동산을 팔 때 지불하는 비용이다. 주거용 부동산 중개인에 대한 표준 수수료는 구입 가격의 5~6%이며, 해당 부동산을 판매하는 사람이 지불한다.

또한 우리는 이 예에 따라 1%로 추정할 수 있는 법정 수수료를 지불해야 한다. 마감 비용과 법정 수수료를 누가 부담하느냐는, 어떤 주와 카운티에 있느냐에 달려 있다. 각 카운티에는 구매자가 지불하는 것과 판매자가 지불하는 것이 표준으로 정해져 있지만, 모든 것은 거래에서 협상할 수 있다. 거래 완료 비용의 일부로는 소유권 등기, 변호사나 중개 회사에 재산 구입 또는 판매를 돕는 데 걸린 시간에 따라 지불하는 거래 수수료 등이 있다.

이 수수료들은 우리가 집을 10만 달러에 팔면 7,000달러(7%)의 수수료를 내야 하기 때문에 9만 3,000달러만 가져가게 된다는 것을 의미한다.

재활 예산은 요리사가 재료와 노동력(예: 카운터탑, 새 지붕, 새 마루, 페인트, 노동력 및 해당되는 경우 시로부터 받는 허가 수수료)에 지출할 것으로 예상되는 금액을 말한다. 집이 어떤 상태인지, 집을 얼마나 멋지게 만들고 싶은지에 따라 필요한 재활 예산이 결정될 것이다.

보유 비용은 우리가 부동산을 소유함으로써 지불해야 할 비용이다. 이러한 비용에는 전력 요금, 수도 요금, 재산 보험, 재산세 및 유지비 등이 포함된다. 부동산을 오래 소유할수록 보유 비용은 더 늘어날 것이다. 우리가 알아야 할 마지막 부분은 수익이다. 모든 비용을 지불한 후에 전매자가 원하는 금액이 얼마이냐 하는 것이다.

전매자는 다음 공식에 따라 부동산을 구입해야 한다.

ARV	−	거래 비용	−	재활 예산	−	보유 원가	−	수익	=	구매 가격

만약 전매자가 위의 공식을 따른다면, 도매상이나 대리인이 입맛에 당기는 잠재적 자산을 제안해 올 때, 얼마를 지불해야 할지 알 수 있을 것이다.

전문가 조언 : 적어도 전매자로써 30%의 이윤을 남길 수 있어야 한다. 이윤을 깎아줄 필요는 없다. 거래가 성사되지 않으면 아무것도 아니므로 규칙을 어기지 마라. 이윤이 적은 거래는 포기하고 다음 거래로 넘겨라. 계획에 없던 예상치 못한 비용이 발생하면 수익이 없는 전매를 위해 일하고 싶지 않게 될 것이다.

전매는 거래가 끝날 때까지 적극적으로 일해야 하기 때문에 투자라고 할 수 없다. 이는 이윤을 얻기 위해 상품을 판매하는 것과 같고, 그 부동산을 성공적으로 다른 사람에게 팔아야만 돈을 벌수 있다.

이것은 일종의 상품을 기반으로 한 사업과 다를 바 없다. 사업이란 상품을 만들고, 그것으로 돈을 벌기 위해 상품을 팔아야 한다. 상품을 팔지 않으면 돈을 벌 수 없다!

전매를 위해 매입한 주택을 팔지 않고 오래 보유할수록 보유비용이 상승하기 때문에 수익은 줄어든다. 물론 이것은 정상적인 사업이고, 일을 하는 나쁜 방법은 아니다. 하지만 이것이 투자와는 다른 모델이고 전략이라는 것을 깨달아야 한다.

수익을 위해 전매하는 것과, 장기적인 부와 매달의 현금을 얻기 위한 투자를 혼동해서는 안 된다.

첫 번째 전매 실수 : 대부분의 거간꾼들은 자신이 직접 모든 일을 할 수 있을 것으로 생각하고, 수리공을 불러 변기를 고치거나 새로운 마루를 설치하기 위해 전문가에게 돈을 지불하려 하지 않는다. 그리고 이렇게 해서 추가적인 이익을 남길 수 있을 것으로 생각한다. 물론 때로는 스스로 일을 해야 하고 거기서 수익을 낼 수도 있다. 하지만 대부분의 사람들이 간과하는 것은 그들 자신의 시간 대비 수익이다.

만약 당신이 시간당 50달러를 벌 수 있는 회계사라면, 집안일을 하면서 스스로에게 해를 끼치고 있는 것이다. 당신은 자신을 위해 전문가나 사람을 고용하는 대신, 직접 그 일을 함으로써 돈을 절약할 수 있을 것으로 생각할 수 있다. 작업을 하는 것은 어렵지 않고 당신을 포함해 누구든 할 수 있다. 그렇다면 당신이 직접 할 수 있는 일인데 왜 돈을 지불하려 하겠는가?

만약 당신의 최고 기술이 회계사라면, 시간당 15달러에 작업할 수 있는 사람을 고용할 수 있기 때문에, 당신은 시간당 50달러의 회계 업무를 해야 한다.

시간당 15달러에 작업할 수 있는 사람을 고용할 수 있다. 그런데도 회계 업무 대신에 스스로 작업을 한다면 시간당 35달러의 손실이 발생하고 있는 것이다.

주택 전매가 높은 확률로 실패하는 'X 요인' 중의 하나는, 낮에 일을 하고 나머지 시간에 수리를 하려고 할 때 마주치게 될 좌절

감의 양이다. 당신은 9시부터 5시까지 하루 종일 일하고 나서, 오후 5시부터 11시까지 수리를 위해 다시 일을 시작해야 한다. 수리 작업의 질 또한 전문가만큼 좋지 않지만, 당신은 스스로 하는 것이 더 저렴할 것이라고 생각한다.

또한 예상한 날짜에 돈을 받고 싶어 빨리 수리를 마치고자 하기 때문에, 토요일과 일요일도 거르지 않고 수리하느라 시간을 소비할 것이다. 이 일은 몇 달 동안 계속될 수 있으며, 빠르게 지치고 진저리가 날 것이다. 친구들도 만난지 오래 됐고, 정상적인 사회생활도 못하고 있으며, 다른 사람들과 좋은 시간을 보내지도 못한다.

결국 당신은 주택 수리를 마치고, 몇 달간의 노동 끝에 매물을 시장에 내놓고 기다린다. 보유 비용은 감당하기 어려운 곳까지 치솟으면서 수익을 갉아먹기 시작할 것이다. 초조해진 당신은 더 빨리 팔아야겠다는 조바심에 가격을 낮춘다.

스스로 수리하는 사람들의 공식은 다음과 같다.

$$ARV - 마감비용 - 재활예산 - 보유비용 - 시간 - 구매가격 = 수익$$

당신이 직접 노동을 하고자 할 때, 시간을 위 공식에 대입해 보고 실제로 수익이 나는지, 아니면 다른 활동에서 돈을 버는 것이 이익인지 계산해 볼 필요가 있다.

이는 대부분의 거간꾼들이 겪은 불행한 이야기다. 나는 당신이 그렇게 되길 원하지 않는다. 당신은 돈을 한 번 투자한 뒤, 노동을 하지 않고 남은 생애 동안 매달 이익을 얻을 수 있어야 한다.

주택 매매에서 매달 현금을 얻기 위한 투자로 전환할 때, 여러분은 믿을 수 없을 정도의 부를 쌓을 수 있고, 자유시간을 가질 수 있으며, 하고 싶은 일을 하면서 질 좋은 삶을 살 수 있게 된다!

주택 전매에 대해서는 할 수 있는 이야기가 훨씬 더 많다. 하지만 이번 장의 목적은 전매로도 수익을 올릴 수 있지만, 그것은 덜 안정적이고 당신을 부유하게 만들지 않는다는 점을 강조하고 싶다. 여러분의 주머니에 현금이 꽂히는 자산을 꾸준히, 그리고 영원히 취득할 수 있도록 함께 공부해 보자.

장점
- 제대로 하면 수익을 낼 수 있다.

단점
- 현금 필요
- 일회성 자금
- 부동산이 팔릴 때만 돈이 들어옴
- 보유 후 1년 미만일 경우 일반소득으로 과세
- 세제 혜택 없음
- 투자가 아님
- 최종 구매자에 따라 달라짐
- 시간이 오래 걸릴 수 있음
- 부동산 가치에 의존하여 돈을 벌게 됨
- 부동산 시장은 전매하려는 기간 동안에도 급변할 수 있다.

중개인 되기

주택 전매에 대한 설명에서, 부동산 매매 수익의 큰 부분이 중개 수수료로 지불되는 모습을 발견하고 놀랐을 것이다. 한편으로 왜 많은 사람들이 자격증을 따고 부동산 중개인이 되려고 하는지 이유가 되기도 한다.

부동산 중개인은 다른 사람의 부동산을 팔거나, 주택 구입자나 투자자가 사고 싶어 하는 부동산을 찾을 수 있도록 도와줌으로써, 많은 돈을 벌 수 있다는 잠재력을 가지고 있다. 중개인으로는 두 가지의 종류가 있다.

첫 번째는 현재 소유하고 있는 부동산을 매각하려는 부동산 소유자를 대표하는 대리인이 있다. 다음 종류의 중개인으로는 매입할 부동산을 찾고 있는 매입자들을 대표하는 중개인이다.

이들 중개업자는 거래처를 대변하고 주의해야 할 사항과 전체 매매 과정을 정확히 알려줄 책임이 있다. 진실은 많은 사람들이 소유권이 무엇인지, 실사가 무엇인지, 이것들이 왜 중요한지, 간절한 돈이 열심히 한다는 것이 어떤 의미인지, 부동산에 관해 극히 단순한 것들조차 잘 이해하지 못하고 있다는 점이다.

중개인은 이 부분을 여러분에게 안내해야 하며, 이것이 중개인들이 돈을 받는 이유이다. 투자자로서 여러분을 위한 나의 목표는, 이 모든 것을 이해할 수 있도록 돕는 것이다.

부동산 중개인들은 노력의 대가로, 일반적으로 각각의 매매에서 거래 대금의 2.5~3%를 수수료로 받는다. 미국의 경우 중개 자산 매도인이 일반적으로 양쪽의 중개인 모두에게 부동산 매각이 이뤄지는 시점에서 지불한다.

큰 거래일 경우에는, 부동산 매도인은 6%가 아닌 4%(각 중개인에게 2%)를 지불하도록 협의할 수 있다. 아니면 부동산 매도인이 자신의 중개인에게만 수수료를 지급하겠다고 말할 수도 있는데, 이때는 구매자의 중개인에게는 구매자가 직접 지급해야 한다.

수수료에 대한 규정은 없지만 업계에는 규범이 있다.

거래가 성사되어 지불할 금액을 계산하려면 수수료율을 판매 가격에 곱하기만 하면 된다. 10만 달러짜리 주택에 대한 3%의 중개 수수료는 3천 달러가 된다. 100만 달러짜리 집에 대해 3%의 수수료를 받는 것은 3만 달러짜리 월급날이 될 것이다.

중개인 면허를 따러 가는 많은 사람들은 이 숫자를 보고 자신에게 이렇게 말할 것이다.

"만약 1년에 몇 백만 달러짜리 거래를 성사시킬 수 있다면, 직장에서 일하는 것보다 훨씬 나을 것이다!"

그러나 이렇게 머릿속으로만 생각하는 사람들은, 이것은 부동산 사업이 아니라 관련 사업일 뿐이라는 점을 깨달아야 한다.

부동산 물건을 얻거나 구매자를 대표하려면 부동산 판매자 또는 구매자와 관계가 있어야 한다. 따라서 규모가 크고 활발한 거래처를 확보하기 위해서는 부동산 중개업자로서, 강력하고 질 높은 관계를 구축하는데 수 년이 걸릴 수도 있다. 물론 그렇게 할 수 있겠지만, 대부분의 사람들은 일단 중개인 면허를 따면 사업이 쉽게 번창할 것이라고 생각한다는 점이다. 하지만 그런 일은 결코 쉽게 일어나지 않는다.

한 가지 고려해야 할 점은 돈을 버는데 얼마의 시간이 걸리느냐 하는 것이다. 일단 부동산 거래 요청이 들어오거나, 구매자를 위해 부동산을 찾기 시작하면, 당신은 몇 주 또는 몇 달을 적절한 부동산이나 사람을 찾기 위해 소비할 수도 있다. 그리고 일단 적절한 부동산이나 사람을 찾으면 조건을 협상해야 하고, 그런 다음 계약서에 서명을 해야 한다.

계약이 체결되고 나더라도, 거래를 마감하기까지는 2~3개월이 더 걸릴 수도 있다. 그런 뒤에야 수수료를 받게 될 것이다. 첫 월급을 받기 위해서는 오랜 시간과 많은 노력이 필요하다.

중개인이 되는 것은 부동산 사업이라기보다는 서비스업으로 분류하는 편이 맞을 것이다. 최고의 중개인이 고객에게 최고의 서비스를 제공하는 것만이 성공하는 이유가 될 것이다.

장점

- 진입하는 데 많은 돈이 필요하지 않다.
- 다른 사람의 자산으로 돈을 벌 수 있다.

단점

- 돈을 버는 데 오랜 시간이 걸릴 수 있다.
- 생각만큼 쉽지가 않다.
- 투자가 아니다.
- 세제 혜택이 없다.
- 시작하려면 면허를 취득하고 중개업 등록을 해야 한다.
- 중개업자와 수수료를 공유해야 한다.

전문가 조언 : 만약 부동산을 매각할 경우 대리인에게 일반적인 수수료를 지불하는 것이 좋다. 그 이유는 양측 대리인과 제휴한 매도인으로써 당신의 이익을 실현하길 원하기 때문이다. 중개인의 커미션을 깎으려고 하면, 구매자로부터 최대한의 가격을 받기 위해 정말 열심히 싸워줄까?

만약 매도인이 대리인들에게 수수료를 깎으려 한다면, 대리인들은 적절한 구매자를 당신에게 데려오기 위해 최선을 다하지 않을 것이다. 아니면 구매자에게 좋은 이 거래는 좋은 것이 아니라고 말해 버릴지도 모른다.

주거용 투자

주택에 투자하는 것은 수많은 사람들이 부동산으로 부를 쌓기 시작하는 관문이라 할 수 있다. 내가 했던 첫 현금 투자이기도 하다. 주택은 대부분의 사람들에게 의미가 있으며, 누구든 항상 염두에 두고 있기 때문에 정신적으로 큰 장애물이 되지는 않는다.

대부분의 사람들이 주택 투자를 시작할 때 이용하는 흔한 방법은 자신이 살 집을 사는 것이다. 그 후 한동안은 그 집에서 살 것이기 때문에 이를 '소유 점유자'라고 한다. 소유 점유자는 시작하는 데 많은 현금이 필요하지 않고, 몇몇 훌륭한 금융제도를 이용할 수 있다.

정부는 당신이 집을 소유하기를 원한다. 만약 당신이 집을 소유한다면 보유세와 재산세를 내게 될 것이고, 주택의 소유는 경제를 부양할 것이다.

또한 소유자도 매달 융자금을 지불할 수 있도록 직업을 가지려 할 것이다. 변기에 고장이 생기면 배관공을 부르고, 지붕에서 물이 새면 지붕을 수리해야 한다. 내가 좀 전에 설명했던 부분을 기억하는가? 한 채의 주택은 당신의 주머니에서 돈을 수시로 꺼내 갈 것이다!

주택 소유는 경제에 더 많은 돈이 돌게 하고 이는 정부가 원하는 것이다. 그래서 정부는 사람들이 주택 소유자가 되는 것을 매우 쉽게 만드는 특별한 담보대출을 하도록 은행을 자극한다.

0달러만 내면 집에 들어갈 수 있는 프로그램들조차 있다. 이는 당신이 10만 달러에 집을 산다면, 은행에서 당신에게 10만 달러를 모두 빌려준다는 걸 의미한다. 대부분의 담보 대출은 당신이 게임에 몰입할 수 있도록, 매입 가격의 3~5%의 금리를 적용한다. 10만 달러짜리 주택을 매입했다면 매년 3,000달러에서 5,000달러 정도만 갚아나가면 된다.

이런 프로그램들이 속속 등장하면서, 자기 돈이 거의 또는 없는 상태에서 집을 사면서 부동산 투자를 늘린 사람들이 많다. 1년 동안 거주할 수 있는 자격을 갖추게 되면 이사를 가서 세입자에게 집을 빌려주고, 이 과정을 반복하기 위해 다른 집을 사러 간다.

이것은 주택 투자에서 실제 투자로 가는 큰 변화이다!

우리가 임대 부동산을 이용해 돈을 버는 방법은 세입자들로부터 임대료를 받아 비용을 지불하고, 또 은행에 내틸 힐부금을 지불하는 것이며, 우리 자신을 위해 써야 할 생활비를 남기는 것이다.

주택투자는 매달 어떤 모습을 보일지 다음과 같다.

임대수익	=	1,800달러
보험	=	200달러
재산세	=	300달러
할부금	=	1,100달러

이제 우리는 우리가 얼마나 벌지 알아낸다.

| 임대소득 | − | 보험 | − | 재산세 | − | 할부금 | = | 이익 |
| 1,800 | − | 200 | − | 300 | − | 1,100 | = | 200달러 |

이를 손익계산(줄여서 P&L)라고 한다. 우리는 이 간단한 방정식을 가지고 다음과 같이 바꿀 수 있다.

소득

| 임대소득 | = | 1,800달러 |

비용

보험금	=	200달러
재산세	=	300달러
할부금	=	1,100달러

| 이익 | = | 200달러 |

사업에서는 소득 - 비용 = 수익, 부동산에서는 임대소득 - 비용 = 현금이라고 한다. 투자자는 그 집에서 한 달에 200달러를 벌고 있고, 동시에 담보 대출금을 갚고 있다.

우리는 이러한 현금흐름을 모든 비용보다 임대료 수입이 더 많고, 월말에 이익이 있을 때 플러스라고 한다.

뒤에서 주택담보대출의 작동원리에 대해 더 깊이 설명할 것이다. 하지만 매달 담보대출을 갚아나감으로써 투자자도 그곳에서 돈을 벌고 있다는 사실을 알 수 있다. 매달 은행에 진 빚도 줄어든다.

이제 투자자가 앞으로 5년 동안 매년 한 번씩 이런 일을 했다고 가정해 보자. 투자자는 이제 5채의 주택을 소유하고 있으며, 매달 큰 시간 의무 없이 1,000달러를 추가로 벌게 될 것이다. 매달 5건의 주택담보대출이 세입자들에 의해 지불될 것이다.

만약 한 달에 1,000달러가 좋게 들리지 않는다면 걱정하지 마라. 시작에 불과하니까. 훨씬 좋아질 것이다!

여기서 핵심은 주택을 임대할 수 있는 금액이 경비보다 더 많은지 확인하는 것뿐이다. 당신은 임대 수입이 경비보다 적기를 원하지 않을 것이다. 그 시점에서 당신은 누군가를 위해 돈을 지불하는 것이고, 당신의 현금 유동성은 마이너스이며 부채가 될 것이다.

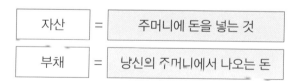

| 자산 | = | 주머니에 돈을 넣는 것 |
| 부채 | = | 낭신의 주머니에서 나오는 돈 |

부동산 투자의 멋진 점은, 부동산 소유자를 위해 많은 시간과 노력을 필요로 하지 않는다는 점이다. 당신이 개인 주택을 임차했을 때를 생각해 보라. 집주인과 얼마나 자주 연락했는가? 아마도 집세를 내야 할 때 한 달에 한 번쯤일 것이다.

당신이 부동산 소유자가 되면 당신은 위 방정식의 반대편에 있게 된다. 대부분의 세입자는 집세를 낼 때 연락해 올 것이다. 집주인으로서는 잠재적 세입자가 좋은 사람인지, 집에서 사는 동안 골칫거리가 되지 않도록 적법하고 합법적으로 선별할 수 있는 방법이 많다. 이것이 주거 투자의 핵심 열쇠이다. 반드시 훌륭한 세입자를 확보하라!

당신의 집에서 살도록 허락하는 세입자들은 당신의 삶을 놀랍게 만들거나 혹은 지옥으로 만들 수도 있다. 따라서 세입자를 들여오기 전에 잘 살펴봐야 한다.

주택 한 채를 사서 현금흐름을 창출하기 위해 임대한 다음, 더 많은 현금흐름을 창출하기 위해 이를 다시 반복하는 아이디어는 눈덩이 효과라고 부른다. 일단 한 채의 집을 갖게 되면, 다음 저금리 대출 자격이 될 때까지 기다려야 하기 때문에 일이 더디게 진행된다. 또한 다음 투자에 필요한 초과된 돈을 쓸 수 있도록 계좌가 채워지기를 기다려야 한다. 그러나 시간이 지나면서 현금흐름이 많아지고 은행 계좌도 점점 더 빨리 채워지기 시작할 것이다.

결국 각 투자 사이의 기간은 단축되고 매입 속도도 빨라진다. 눈덩이가 언덕을 굴러 내려갈 때 더 커지면서 가속도가 붙는 식이다.

이것이 대부분의 사람들이 부동산 투자를 시작하는 방식이며, 많은 사람들이 정상적인 직업을 통해 버는 것보다 더 많은 부를 쌓는 방법이다.

또한 대부분의 사람들은 자신에게 이렇게 말하고 있다. "그렇다. 매달 200달러의 수익을 올리고 대출금을 상환하는 것 외에도, 시간이 지남에 따라 주택 가치가 상승할 것이다!"

나 역시 동의한다. 그리고 그것이 부를 쌓게 하는 방법이지만, 이 책에서 반드시 얻어가야 할 중요한 사항 중 하나는 다음 장에서 심도 있게 다루려고 한다.

주거 투자가 왜 좋은지, 진정한 부를 위한 최선의 길은 무엇인지 충분히 이해하기 위해서는 다음 장에 정말로 주의를 기울여야 한다.

즉, 주택 가치가 상승할 것이라고 단정한다면, 좋은 투자를 위한 기본을 실천하지 못하고 있는 것이다! 단순하게 주택 가치가 상승할 것이라고 판단하고, 매달 현금 수익이 0인 주택에 투자해서는 안 된다. 이것은 도박이다! 내 개인적인 규칙은 현금흐름이 긍정적인 것이 아니라면 부동산에 투자하지 않는 것이다. 시간이 지날수록 가격이 오를 것이라고 기대하지만, 현금 수익이 있을 경우에만 투자를 해야 한다.

집값이 제때에 오를 뿐만 아니라, 세입자들이 당신의 대출금을 갚고 당신 주머니에도 현금이 들어와야 한다. 또한 집을 임대하면 놀라운 세금 혜택도 받을 수 있다. PART 7에서는 다양한 세제 혜택에 대해 알아보겠다.

일단 세제 혜택의 예로서, 만약 당신이 10만 달러에 집을 사서 임대한다면, 당신은 그 10만 달러를 가지고 다음 27.5년 동안 대출금을 갚아나간다. 10만 달러를 27.5로 나눈 금액은 3,636달러이다. 이는 매년 3,636달러를 벌고 있다는 것을 의미하며, 이 수익에 대해서는 세금을 내지 않아도 된다. 정말 놀랍지 않은가!

앞선 사례에서 한 달에 200달러를 벌었다면, 1년에 2,400달러를 벌었다고 하자. 2,400달러에 대해서는 감가상각으로 인해 세금도 내지 않아도 된다는 걸 의미하며, 1,236달러의 감가상각비를 추가로 가지고 있기 때문에 정규직을 통해 벌어들인 다른 수입도 보호할 수 있다.

이것은 부동산 투자자들이 받을 수 있는 세금 감면 혜택을 보여주는 작은 예시이지만, 부동산이 제공하는 놀라운 힘의 시작에 불과하다. 또 주택 담보대출에 있어서 지불한 이자를 어떻게 탕감해주는지에 대해서도 설명할 것이다. PART 7에서 이에 대해 더 자세히 설명하겠다.

주거용 부동산에 투자하는 것은 위의 방법 중 어느 것과는 다른 진정한 투자이며 수익률도 훨씬 낫다.

장점
• 매월 현금이 들어옴
• 장기적인 주택가치 상승
• 세입자가 할부금을 갚는다.
• 은행 돈으로 집을 매입
• 저비용에 돈이 들지 않는 프로그램
• 세제 혜택
• 적은 노력으로 잔여소득

단점
• 세입자 리스크
• 느리게 구르는 눈덩이
• 소액의 현금흐름

상업용 부동산

상업용 부동산 투자도 주거용 투자와 똑같은 청사진을 따르는데, 받는 임대료가 지출보다 많은지 확인하는 것이다. 여기서의 차이점은 주거용 대신에 사무실 건물, 쇼핑센터, 주유소, 식료품점, 의료 건물, 아파트 단지, 창고, 호텔, 골프장, 휴양지, 세차장, 심지어 임대한 토지도 해당될 수 있다.

이처럼 다양한 형태의 상업용 부동산이 있지만, 그 부동산으로 돈을 버는 방법은 유사하다. 나는 항상 그 부동산을 구입하기 전에 분석해서 현금흐름이 긍정적인지 확인한다. 나는 이를 '밑줄쓰기'라고 하는데, 여러분은 이 책에서 그것에 대해 배울 것이다. 밑줄쓰기는 투자자가 반드시 알아야 할 필수적인 기술이다.

많은 주거용 투자자들이 상업용 투자로 전환하지 않는데, 이것은 유감스러운 일이다. 상업용 부동산에 투자하기 위해 특별한 비결이 있는 것은 아니고, 또 상업용 부동산에 투자하기 위한 자격증이나 학위가 필요한 것도 아니다.

하지만 상업용 부동산 투자자들에게 가장 큰 실수가 무엇이었는지 물었을 때, 그들은 자신들의 경험에 대해 한결 같이 같은 대답을 한다. "더 큰 거래를 시작하기까지 너무 시간이 오래 걸린다!"

다시 말하자면 상업용 부동산 투자는 주거용 부동산 투자와 다르지 않다. 가장 큰 차이점이라고 한다면 상업용 투자가 더 큰 돈을 벌게 될 것이라는 점이다. 주목해야 하고 배울 가치가 있는 몇 가지 차이점이 있다.

상업용 부동산 투자를 위해서는 은행에서 대출 받을 수 있는 비율이 다르다. 만약 100만 달러짜리 부동산을 매입한다면, 은행으로부터 보통 75만 달러에서 80만 달러 정도의 융자가 가능하고 나머지는 현금으로 마련해야 한다.

은행들이 엄청난 대출을 해도 될 만큼 정부로부터 인센티브를 받지 못하기 때문에, 상업용 부동산에 대해서는 대출은 받고 싶은 만큼 받을 수가 없다.

은행들은 상업용 부동산이 우리가 거주할 곳이 아니라는 사실을 알고 있고, 일반적으로 투자라는 것을 잘 알고 있다. 만약 투자가 잘못되면, 사람들이 살고 있는 집보다는 투자한 곳에서 달아날 가능성이 훨씬 높다. 이런 이유 때문에 은행은 상업용 거래에서 더 많은 자기 자본을 원하고, 그래야만 상황이 어려워져도 우리가 포기하지 않을 가능성이 높다고 보는 것이다.

은행은 또한 당연히 부동산에서 생산되는 현금의 양이 비용과 담보대출 비용을 충당하기에 충분하기를 원한다. 이것만이 은행이 대출을 회수할 수 있는 방법이기 때문이다.

　현금이 많지 않은 사람들에게는 이것이 장애물처럼 보이겠지만, 제발 생각을 멈추지 말고 끝까지 이 책을 읽기 바란다. 그러면 이를 극복할 방법을 배우고 현금흐름은 눈덩이처럼 커지고, 더 빠르게 성장하기 위해 상업용 부동산에 투자하기 시작할 것이다.

　다음 장에서는 주거용과 상업용 부동산에 대해 자세히 비교해 보려고 한다. 상업용 부동산이 주거용 부동산보다 위험 부담이 얼마나 적은지, 감정이 개입된 부분이 얼마나 적은지 짚어보겠다. 이것은 당신에게 큰 도움이 될 것이다. 아래 전문가 조언을 잘 참고하고 활용하기 바란다.

장점
- 훨씬 큰 잠재적 수익
- 소득에 따라 재산의 가치를 통제
- 지속적으로 모든 채무를 상환할 수 있는 충분한 수입
- 다중 세입자 = 소득 다각화
- 더 큰 가격 상승 기회

단점
- 신규 투자자에 대한 두려움
- 매입에 더 많은 현금이 필요

개발

부동산 개발에 대해 간단히 설명해 보겠다. 개발은 토지의 일부를 가져와서 그 위에 건축하는 것으로 시작된다. 이렇게 해서 콘도, 아파트, 진료실 등을 건설한다.

한 때 미개발 필지들은 개발 프로젝트로 들썩였다.

부동산을 개발하는 것은 활용도가 낮은 부동산의 일부를 매입해서 토지의 잠재력을 극대화하는 가장 좋은 방법이다. 대부분의 사람들은 부동산 개발을, 업자들이 땅을 원재료로 하여 그 위에 건물을 짓고 매도하는 것이라고 생각한다. 이는 부동산 개발의 한 종류일 뿐이다.

나는 이런 전략에 찬성하거나 반대하지 않지만, 일단 건물이 지어지고 매각할 의도로 개발한다면 진정한 부동산 투자가 아니라고 말할 것이다. 만약 여러분이 이런 비즈니스를 하고 있다면, 약간 변형된 주택 전매와 같은 일을 하고 있는 것이다. 주택 전매는 본질적으로 재개발의 한 형태이다.

반면, 완공 후 현금흐름을 창출할 목적으로 부동산을 개발하는 경우, 이는 투자이며 놀라운 거래를 만들 수 있는 좋은 방법이다. 부동산 시장이 뜨겁거나 물가가 하늘 높이 치솟아, 수지타산이 맞고 현금흐름이 좋은 부동산을 구하기가 어려울 때도 개발은 큰 비즈니스가 될 수 있다.

대부분의 사람들은 2008년의 공포와, 당시 얼마나 많은 부동산 개발업자들이 파산했는지를 듣고 자동적으로 모든 종류의 개발이 위험하다고 생각하는 경향이 있다.

나는 지금 프로젝트를 개발 중이고 이 프로젝트가 위험하다고 생각하지 않는다. 이유는 다음과 같다. 2008년에 파산한 개발업자들은 프로젝트가 끝나면 매각해서 갚아야 할 채무에 의존하고 있었다. 그런데 구획이나 콘도 프로젝트에 대해 생각해 보자. 이 개발 프로젝트를 통해 수입을 얻어야 하기에, 개발자들은 일부를 매각해야 했다.

그들의 사업 모델은 일부를 수십만 달러에 판매하는 것이었다. 하지만 일단 대출금을 갚고 나면 엄청난 이익을 얻게 될 것이고 삶도 좋을 것이다. 개발업자들이 2007년에 돈을 빌렸을 때, 그리고 모든 것이 훌륭해 보일 때, 그들이 막대한 대출을 받는 데에는 아무 문제가 없었다. 부동산 가격은 유래 없이 치솟고 있었다. 앞으로도 계속 오를 수밖에 없었을까.

아니다.

개발업자들이 새빌티고 있던 상품의 가격은 폭락했고, 그 많던 구매자들은 자취를 감춰버렸다. 개발업자들에게 남은 거라곤 이제 팔 수 없는 상품들뿐이었고, 남은 것은 프로젝트로 인한 막대한 채무뿐이었다.

뭐가 잘못된 것일까?

음, 돌이켜보면 항상 20/20이지만, 만약 이 개발업자들이 장기간 부채를 안고서 1회성 매각이 아닌 매달 임대료를 받는 상품을 개발하고 있었다면 불황 시기를 극복할 가능성은 훨씬 더 높았을 것이다.

대부분의 창고 및 아파트 건물들이 실제로 침체기 동안 가격이 상승하고 더 많은 수익을 올렸다는 사실을 알고 있는가?

맞다! 일부 부동산은 실제로 불황기에 더 큰 성과를 냈다. 모든 형태의 부동산이 똑같은 방식으로 작동하는 것은 아니다.

그렇다면 내가 하고 있는 프로젝트로 다시 돌아가 보자. 내 프로젝트는 7년 동안의 장기부채가 있을 것이다. 1회성 매각이 아니고 영원히 임대할 수 있는 상품이기도 하다.

또한 이 프로젝트에는 건설을 위해 돈을 쓰기 전에, 이미 고객들이 임차하기로 되어 있어서 지불할 준비가 되어 있었기 때문에, 프로젝트 실패의 위험도는 현저히 낮았다.

이게 이해가 되는가? 부동산 개발에 있어 동전의 양면성이 어떤지 이해되는가? 어떤 모험에서도 위험은 따르겠지만, 위험을 최대한 줄이는 것은 하기 나름이다. 이는 여러분이 공부하는 것에서 시작된다.

장점

- 제대로 하면 돈을 많이 벌 수 있다.
- 원하는 곳에 원하는 투자 및 방식을 구축할 수 있다.

단점

- 많은 이동
- 장기 과정
- 불확실성
- 공부가 필요함
- 항상 사업 계획 및 전략에 따라 투자하는 것이 아님

철저한
분석의
이점

여러분은 부동산이 갖고 있는 다양한 장점들을 알게 되었을 것이다. 이번 장을 읽고 무엇이 부동산을 그토록 훌륭하게 만드는지 이해하는 것이 중요하다. 많은 유동적인 요소들이 많기에 무엇이 부동산을 매력적인 투자로 만드는지, 각각의 요소들을 이해할 수 있어야 한다. 각 측면에 대해서 자세히 살펴보기로 하자!

현금흐름이 왕이다

이것은 내가 부동산에 관해 개인적으로 가장 좋아하는 부분이다! 임대료 수입이 비용 및 담보대출 상환액보다 더 많을 때, 위에서 설명한 것과 같은 현금흐름이 발생한다. 이렇게 되면 매달 말일에 주머니에 넣을 수 있는 여분의 현금이 남게 된다.

집주인이라면 1월 1일을 사랑할 것이다. 그 이유는 임대료를 받는 시점이기 때문이고, 이는 세계 어디에 있든, 무엇을 하든 또 다른 현금흐름을 만들어낸다는 걸 의미한다.

로버트 키요사키는 5만 달러를 가지고 포르쉐를 사고 싶었지만, 모든 돈을 자동차 구입에 쓰지 않은 방법에 대해 말했다. 자동차를 사서 일단 운전하기 시작하면 가치가 떨어진다. 그는 이를 잘 알고 있었다. 그 돈으로 자동차를 샀다면 이렇게 될 것이다:

돈은 자신의 주머니에서 나올 것이고, 이는 곧 부채가 될 것이다. 그래서 그는 자동차에 돈을 쓰는 대신, 5만 달러를 부동산에 투자했다. 그런 뒤 차를 사기 위한 대출을 받았다. 이제 그는 매달 자동차 할부금 지불을 위한 현금흐름을 창출하는 자산을 보유하게 되었고, 매달 여분의 현금을 주머니에 넣을 수 있었다! 그는 부채를 갚기 위해 자산을 활용한 것이다! 이것이 부자들의 방식이다.

그는 현금흐름의 힘을 이용해 포르쉐를 공짜로 얻을 수 있었다. 그는 매달 자신의 주머니에서 돈을 지불할 필요가 없었고, 보유한 자산이 그를 대신해 지불해 주었다! 현금흐름은 매달 정기적으로 주는 선물이다. 일단 당신이 부동산을 소유하게 되면, 남은 생애 동안 매달 현금을 받을 수 있다.

자동차 할부금 지불이 끝난 후에는 공짜로 차를 얻는 효과를 얻는 것뿐 아니라, 보유한 자산은 이제 자동차 할부금 지불 대신에 그에게 직접 현금을 지불하기 시작할 것이다.

■ 현금흐름 형식

수익	−	비용	−	부채	=	현금흐름

■ 또는 P&L 형식으로 하면

소득	−	경비	−	부채	=	현금흐름

현금흐름은 잔여 소득이다. 이는 한 번 일을 하고 나면 그것에 대해 영원히 보수를 받는 것을 의미한다. 물론 적은 양이지만 매달 당신이 해야 할 일도 있다. 하지만 대부분의 시간과 노력은 이 프로젝트를 위해 선행될 것이고, 일단 부동산을 소유하고 나면 영원히 예측 가능한 수입원을 갖게 된다!

당신의 목표는 현재 가지고 있는 현금을 미래의 현금흐름을 위해 교환하는 것이어야 한다. 부를 축적하기 위해서는 현금흐름을 창출하는 것이 현금을 보유하고 있는 것보다 좋다는 것을 알아야 한다.

현금흐름	〉	현금

일단 당신이 직장에서 돈을 받고 일하거나 주택 전매로 수익을 내고 있다면, 현금흐름을 창출하기 위한 투자로 전환하라. 그러면 당신은 투자자의 지위에 도달한 것이고, 매우 빠른 속도로 부자의 반열에 오르게 될 것이다.

자산 평가

어떤 투자자들은 가격 상승이 현금보다 낫다고 주장한다! 나 역시 가격 상승을 좋아한다. 하지만 나는 부동산에 현금흐름이 없다면 투자하지 않을 것이다. 가격 상승은 부동산 가치의 상승을 묘사하는 멋진 단어이다.

우리는 2010년부터 2020년까지 부동산에서 엄청난 가치 상승을 목격했다. 만약 5년 전에 10만 달러에 부동산을 구입했고, 오늘 그것을 15만 달러에 팔았다면, 5만 달러 즉 50%의 가치 상승이 이뤄진 것이다. 물론 부동산 가치 상승은 매년 보장되는 것은 아니다. 하지만 시간이 지나면서 가격은 장기적으로 상승해 왔다. 그리고 가치 상승은 여러 가지 이유로 발생한다.

첫 번째는 인플레이션이다. 매년, 달러의 가치는 2%씩 떨어지게 되어 있다. 이는 연방준비제도이사회가 정해 둔 목표이다. 달러 가치가 떨어지면 부동산 가치는 올라간다. 10만 달러 상당의 주택이 내년에 10만 2,000달러가 된다는 의미이다. 그 다음 해에는 10만 4,040달러(1.02 × 102,000달러)의 가격이 되어 있을 것이다. 그 집이 정말로 가격이 올랐을까, 아니면 달러 가치가 떨어진 것인가? 어느 쪽이 되었든, 당신의 부동산 가치는 시간이 지남에 따라 달러 대비 상승하고 있다. 이것이 인플레이션이다.

부동산 가격이 상승하는 다음 방식은 수요와 공급을 통한 것이다. 극단적인 예를 원한다면 캘리포니아의 베이 에어리어(Bay Area)를 보라. 그 지역에 살고 싶어 하는 사람들이 너무 많은 나머지 부동산 가격이 천정부지로 치솟고 있다. 당신은 그 지역에서 1백만 달러 이하의 가격으로 좋은 집을 찾기가 힘들 것이다. 결국 사람들이 해당 지역의 부동산에 대해 경쟁이 심할 때, 그것이 주거용이든 상업용이든 간에, 가격은 올라가 평가 차익을 얻을 수 있다는 것을 알 수 있다.

이러한 가격 상승을 활용하는 가장 좋은 방법은 그것을 억지로라도 받아들이는 것이다. 부동산에는 '부가가치 투자'라고 하는 투자 유형이 있다.

말 그대로 부동산에 가치를 더할 목적으로 투자를 하는 것이다. 당신 역시 부동산의 가치 상승을 받아들이게 될 것이다. 어떻게 된 것일까? 주거용 부동산의 경우, 더 살기 좋은 곳으로 만들고 싶을 것이고, 사람들은 더 많은 임대료를 지불할 것이다. 낡은 조리대를 새 화강암으로 바꿀 수도 있고, 벽을 허물 수도 있고, TV에 나오는 사람들처럼 멋있게 보이기 위해 조경을 추가할 수도 있다.

이는 주택 수리업자들이 하는 일이지만, 당신은 임대료를 놀리기 위해 그것을 할 수 있고, 그렇게 해서 가격을 올릴 수 있다. 상업적인 부가가치에 관한 설명 부분이 다가오고 있지만 여기서 살짝 엿보기로 하겠다. 상업용 부동산은 지출 후에 얼마나 많은 소득을 창출하느냐에 따라 평가할 수 있다.

| 수입↑ | = | 자산가치↑ |

따라서 부동산 가치를 상승시키기 위해서는 우리가 받을 수입을 늘리거나 비용을 줄이거나, 아니면 둘 다 할 수 있는 방법을 찾아야 한다. 부동산의 외관과 느낌을 좋게 개선함으로써, 일반적으로 임대료를 더 많이 청구할 수 있고, 수입을 늘릴 수 있다. 여기서부터 가치가 오르는 부동산을 갖게 되는 것이다.

이것은 진짜 투자자들이 좋아하는 종류의 가치 상승이다. 구입 시점에 현금흐름을 창출할 수 있는 계획을 세울 수 있다면 상당한 수익을 확보할 수 있다!

투자 활용

앞서 주식과 비교하면서 설명했던 부동산은, 만져볼 수도 있고 이용도 할 수 있어서 정말 좋다고 했다. 당신의 부동산은 항상 효용과 이익을 가져다 줄 것이다. 가격이 떨어지면 부동산 가치가 정말 떨어졌을까?

2008년 주택 가격이 떨어졌을 때, 그 주택들은 정말로 가치가 떨어진 것일까? 서류상으로는 그랬겠지만, 주택이 네모난 형상을 잃어버리고 작아진 것일까? 화강암 카운터의 안정성이 떨어졌을까? 지붕에서 물이 새고 안으로 스며들게 되었을까?

집에 공간이 부족해서 침실을 잃고 룸메이트를 내쫓아야 했을까? 당연히 그건 아니다!

부동산은 수익 잠재력도 크지만 당신의 삶을 더 낫게 해줄 실질적인 혜택도 있기 때문에 더욱 놀랍다.

그렇기에 부동산은 어떤 일이 일어나더라도 항상 가치가 있는 것이다. 부동산은 유용하고도 유용하기 때문이다.

자산가치 상승

가치 상승과는 반대로 매달 대출 잔액은 줄어들면서 부동산에 자본이 쌓인다. 자산은 자산의 가치와 그 자산에 지어진 부채의 차이다.

자산 가치	−	부채	=	자본

■ **1년차**

100,000달러	−	80,000달러	=	20,000달러

부채가 줄어들면 실제 부동산 가치가 오르지 않더라도 부동산에 보유한 돈은 늘어난다. 이 같은 혜택은 매달 주택담보대출 청구서를 세입자들이 대신 지불함으로써 얻어진다. 세입자들이 집세를 낼 때마다 당신 대신에 대출금을 상환하고 있는 것이다. 이 돈의 일부는 이자 지불로 갈 것이고, 다른 일부는 은행에 빚진 채무를 갚는 것으로 갈 것이다.

또한 부동산을 구입해 매월 5년간 대출금을 납부한 뒤, 매입한 금액과 동일한 금액으로 매각하면, 처음 매입했을 때보다 은행 부채가 줄어들어 이익이 생긴다.

| 자산 가치 | − | 부채 | = | 자본 |

■ **5년차**

| 100,000달러 | − | 60,000달러 | = | 40,000달러 |

당신은 2만 달러를 벌었는데 부동산 가치는 전혀 오르지 않았다. 그렇다고 해도 그 돈은 이윤으로 간주되지 않기 때문에 비과세로 유지할 수 있다!

인플레이션을 친구로 만들기

인플레이션은 부동산 투자자의 가장 친한 친구이다!

인플레이션은 우리 자신도 모르게 정부가 우리에게 부과하는 비밀의 세금이다. 정부는 매년 달러 가치가 2% 감소하기를 원한다. 그래서 매년 경제에 더 많은 돈을 투자함으로써 인플레이션을 유도한다. 연방준비제도이사회가 돈을 인쇄해서 시장에 더 많은 돈을 풀고 있기 때문에, 당신이 보유한 달러의 가치가 떨어진다. 수요와 공급의 법칙이 말해주듯, 공급이 많을수록 가치는 떨어진다.

우리가 이것을 막고 은행 계좌에 보유한 달러 가치가 매일 떨어지는 것을 막기 위해, 할 수 있는 것은 아무것도 없다. 하지만 우리는 이를 자신에게 유리하게 활용할 수 있다.

알다시피, 은행에서 돈을 빌릴 때, 앞으로 15년에서 30년 동안 매달 지불할 금액을 일러준다. 그런 다음 지불 금액이 일정한 이 돈을 사용해서 현금흐름을 창출하는 부동산을 매입한다. 당신이 올바른 방법으로 부동산을 구입한다면, 매달 말에 당신에게 현금이 들어올 것이다. 즉 이제 매달 고객에게 판매하는 상품을 소유하게 된 것이다. 당신은 세입자들에게 공간을 팔고 있다. 이것이 당신이 보유한 상품이다.

맞다. 우유나 가스 가격이 인플레이션과 함께 상승하는 것처럼 임대료도 상승한다. 당신의 고객이 당신의 공간에 대해 매달 지불하는 금액은 인플레이션의 결과로 시간이 지남에 따라 증가할 것이다.

한 달 1,000달러 가격에 집을 소유하고 세를 놓는다고 가정해보자. 지출은 한 달에 200달러이고 은행에 대한 지불은 400달러이다. 이렇게 되면 부동산에서 매월 400달러, 즉 연간 4,800달러의 현금을 창출할 수 있다.

(단위: 달러)

년	수입	비용	부채	현금흐름/월	현금흐름/년
1	1,000	200	400	400	4,800
2	1,020	204	400	416	4,992
3	1,040	208	400	432	5,188
4	1,061	212	400	449	5,388
5	1,082	216	400	466	5,591
6	1,104	221	400	483	5,799
7	1,126	225	400	501	6,011
8	1,149	230	400	519	6,227
9	1,172	234	400	537	6,448
10	1,195	239	400	556	6,673

또한 인플레이션이 매년 2%라고 가정하자. 집세도 오르고 경비도 늘어날 것이다. 하지만 부채는 변하지 않을 것이다. 당신이 처음 대출을 받았을 때, 당신의 채무 상환액을 고정하기 때문에,

액수는 인플레이션이 일어나도 증가하지 않는다! 현금흐름 예상치를 살펴보자.

(단위: 달러)

년	수입	비용	부채	현금흐름/월	현금흐름/년
1	1,000	200	400	400	4,800
2	1,020	204	400	416	4,992

보다시피 1년차부터 2년차까지 소득이 2%씩 증가하고, 지출도 2% 증가하지만 부채 상환액은 그대로이다. 이로 인해 매월 현금흐름이 4%씩 증가하게 된다.

물가 상승률을 이용하여 임대료를 올리고, 10년 동안 당신의 은행 지불은 고정되는 것의 효과를 알아야 한다.

(단위: 달러)

년	수입	비용	부채	현금흐름/월	현금흐름/년
1	1,000	200	400	400	4,800
2	1,020	204	400	416	4,992
3	1,040	208	400	432	5,188
4	1,061	212	400	449	5,388
5	1,082	216	400	466	5,591
6	1,104	221	400	483	5,799
7	1,126	225	400	501	6,011
8	1,149	230	400	519	6,227
9	1,172	234	400	537	6,448
10	1,195	239	400	556	6,673

도표에서 매년 임대료와 지출이 어떻게 증가하는지 주목해 보자. 하지만 부채 상환액은 그대로다. 대부분의 사람들은 이를 무시하지만 부동산 투자의 가장 강력한 특징 중 하나다.

은행 돈을 빌려 현금흐름을 창출하는 부동산에 투자함으로써 자신을 인플레이션보다 우위에 서게 한 것이다. 은행은 인플레이션이 발생했다고 해서 더 많은 돈을 받지 않지만, 부동산 소유자는 임대료 상승으로 인한 혜택을 받게 되고, 매년 더 많은 현금을 벌게 된다.

이제는 매년 현금흐름이 증가할 것이기 때문에 부동산 보유자는 승리하고 있을 뿐만 아니라, 매년 부채는 줄고 자산 가치는 상승하면서 인플레이션의 실질적인 승자가 되는 것이다. 다시 강조하지만, 자산이 얼마인지와 그것에 얼마를 빚지고 있는지에 대한 차이를 '지분 또는 자본'이라고 한다.

자산 가치	−	부채	=	자본

여러분이 자신의 돈을 전혀 사용할 수 없는 금융 프로그램을 이용하여 10만 달러에 집을 산다고 가정해 보자. 처음에는, 당신은 그 부동산의 가치가 정확히 얼마인지 빚을 지게 될 것이고, 당신은 형평성이 없을 것이다. 그것은 모두 빚이 될 것이다.

자산 가치	−	부채	=	자본
100,000달러	−	100,000달러	=	0달러

인플레이션이 자본에 어떤 영향을 미치는지 보여주는 다음 차트를 살펴보자.

(단위: 달러)

년	자산가치	부채	자산에 대한 지분
1	100,000	100,000	0
2	102,000	98,000	4,000
3	104,040	96,000	8,040
4	106,121	94,000	12,121
5	108,243	92,000	16,243
6	110,408	90,000	20,408
7	112,616	88,000	24,616
8	114,869	86,000	28,869
9	117,166	84,000	33,166
10	119,509	82,000	37,509

우리가 집을 소유하고 1년이 지나고 나면 무슨 일이 일어날까? 첫 번째는 인플레이션으로 인해 주택가치가 2% 상승할 것이라는 점이고, 부동산에 대한 부채도 축소될 것이다. 도표를 보자.

(단위: 달러)

년	자산가치	부채	자산에 대한 지분
1	100,000	100,000	0
2	102,000	98,000	4,000

우리는 두 가지 방법으로 총 4,000달러의 자본을 만들었다. 처음에 부동산 가격이 올라서 2,000달러를 벌었고, 다음으로는 은행에 빚진 액수를 갚아 2,000달러를 벌었다.

10년이 지나면 이런 상황이 얼마나 강력할지 살펴보자.

년	자산가치	부채	자산에 대한 지분
1	100,000	100,000	0
2	102,000	98,000	4,000
3	104,040	96,000	8,040
4	106,121	94,000	12,121
5	108,243	92,000	16,243
6	110,408	90,000	20,408
7	112,616	88,000	24,616
8	114,869	86,000	28,869
9	117,166	84,000	33,166
10	119,509	82,000	37,509

이 사례에서, 만약 당신이 10만 달러에 부동산을 구입하고 그것을 사기 위해 전액을 빌렸다면, 10년 안에 당신은 3만 7,509달러를 벌게 될 것이다. 이것은 자산의 가치와 은행에 빚진 금액의 차이이다. 3만 7,509달러는 당신 돈이다! 다시, 이것이 우리가 말하는 지분, 곧 자산이다.

당신은 현금흐름의 마법을 즐겼을 뿐만 아니라 많은 양의 자산도 축적하고 있다. 왜냐하면 당신은 인플레이션의 우위에 서 있기 때문이다!

이것은 실제로 매우 강력한 효과를 낸다. 인플레이션을 유발하는 자본과 현금흐름의 결합은 부동산에 많은 부를 쌓게 한다.

* 이 도표에 표시된 것처럼 부채가 일직선으로 감소하지 않는다는 점에 유의하자. 나는 간단한 설명을 위해 여기 동그란 숫자를 사용했다. 시간이 지남에 따라 어떻게 부채가 감소하는지에 대해

서는 8부에서 설명하려고 한다.

2000년대 이전에는 돈을 절약하는 사람들이 똑똑하다는 대접을 받았다. 그들은 돈을 모아 은행에 넣고 좋은 수익률을 얻었기 때문에 승자였다.

그러나 오늘날 우리는 더 이상 유용하지 않은 오래된 조언에 따라 돈을 운용하고 있다. 사실, 요즘에 저축을 한다는 것은 적절한 방법이 아니고, 재정적으로 교육받지 못한 사람들이나 하는 일이다.

이번 장의 의도는 부동산 소유주들에게 혜택을 주는 모든 다양한 방법에 눈을 뜨게 하는 것이었다. 우리는 이에 관한 주제를 더 검토하고, 그것들의 진정한 효과를 더 잘 이해할 수 있도록 더 많은 정보를 제공할 것이다.

당신은 부동산 투자의 다양한 장점들을 알고 있었는가? 이러한 혜택들이 바로 부자들은 점점 더 부유해지고, 가난한 사람들은 점점 더 가난해지는 이유이다. 부동산 투자의 혜택은 그 어느 때보다 빈부 격차를 벌리는 주된 이유가 되고 있다.

당신은 이 방정식의 오른쪽에 자신을 놓고, 7가지의 이점을 활용하여 부자가 되길 바란다!

주거용
대
상업용

이번 장은 내가 가장 중요하게 여기는 부분이다. 이 책을 쓰고 '부동산 매도를 건너뛰자'라고 한 진짜 이유는, 매주 부동산 투자를 원하는 많은 사람들과 대화를 나누고 있기 때문이다. 하지만 대부분의 사람들은 뭔가 잘못 알고 있었다. 그들은 집을 팔아야 한다고 생각하고, 그것이 투자자가 되는 길이라 생각하고 있었다. 또한 그들은 틈새시장에 대해 관심을 가지고 있지 않았다. 그러나 그 사람들이 이 책에서 제공하는 정보를 흡수할 수 있다면, 지금보다 5~10년은 앞설 수 있고, 부동산에서 성공하기 위한 학습을 단축할 수 있다. 나의 목표는 여러분의 시간을 단축하고 더 빨리 성공하도록 돕는 것이다.

"성공에는 지름길이 없다."는 조언은 나쁜 충고이다. 이 세상에는 성공으로 가는 지름길이 있다. 그리고 이 책을 읽음으로써 당신은 지름길로 가고 있다. 멘토는 여러분을 지름길로 가게 할 것이다.

이번 장은 시간과 돈, 에너지를 절약할 수 있는 부동산 투자의 지름길이다. 주거용 부동산은 많은 사람들이 더 쉽게 출발하는 곳이다. 상업용 부동산에 대해서는 대부분의 사람들이 약간의 정신적 장애물을 갖고 있어서 더 큰 부동산 투자로 나아가지 못하고 있다. 이번 장에서는 왜 주거용 부동산을 건너뛰고 더 큰 상업용 부동산을 향해 돌진해야 하는지, 그리고 어떻게 하면 투자에서 성공할 수 있는지에 대해 설명하려고 한다.

상업용 대 주거용
부동산의 리스크

상업용 부동산이 주거용 부동산보다 위험부담이 적다는 점을 기억해야 한다.

상업용 부동산에서는 한 명의 임차인이 아닌 여러 명의 임차인을 보유함으로써 위험을 줄일 수 있다. 주택과 같은 주거용 부동산에서는 한 명만의 고객을 둘 수 있다.

주거용 부동산에서는 임차인 한 명에게 집세를 받으려 하지만, 상업용 부동산에는 세입자가 많다. 이는 당신의 수입이 여러 다른 원천으로부터 나오기 때문에 위험을 극적으로 감소시킨다.

이렇게 생각해 보자. 만약 당신이 200달러의 경비와 주택 담보 대출 상환액이 600달러라면, 한 달에 800달러의 경비를 쓰게 될 것이다. 임차인이 당신에게 1,000달러의 임대료를 내면, 당신은 200달러의 현금흐름을 얻을 수 있다. 이것의 마진은 20%이다.

하지만 예상치 못한 일이 일어났을 때 당신의 삶은 어떻게 변할까?

세입자가 직장을 잃거나 다치거나 이사를 가면 어떻게 할까?

월 800달러는 누가 부담할 것인가?

맞다. 이것이 위험 요소라면 어떻게 줄일 수 있을까?

상업용 부동산을 보자. 예를 들어, 100세대 아파트 단지가 있다고 하자. 그 아파트 단지에는 현재 1명이 아닌 100명의 세입자가 살고 있다.

이렇게 수입원이 다양화되었다. 이제 당신은 비용을 지불하기 위해 한 사람에게 의존하는 것이 아니라, 100명의 세입자가 당신의 지불을 대신할 것이다. 만약 한 사람이 이사를 가거나 한 사람이 다치거나, 다른 사람이 직장을 잃으면 어떻게 될까?

이 세 사람은 당신에게 지불하지 않을 수도 있지만, 나머지 97명은 지불할 것이다. 당신은 제반 비용을 지불하고도 주머니에 약간의 현금을 남기게 될 것이다.

20%의 마진이 있는 한 주택의 예에서처럼, 더 큰 100세대 단지에서도 20%의 마진이 발생한다. 이는 긍정적인 현금흐름이며 한 달에 2만 달러가 될 것이다. 이 경우 3명이 임대료를 지불하지 않으면 2만 달러를 벌지 못할 수 있다. 그럼에도 불구하고 여전히 1만 7,000달러의 현금흐름을 얻게 된다.

투자의 현실은 사람을 상대해야 한다는 점이다. 세상의 어떤 사람은 약속을 지키지 못하기도 하고, 해야 할 일을 못하게 방해하는 나쁜 일들과 조우할 수 있다. 그렇다고 해서, 이는 때때로 사람들이 지불 약속을 지키지 않기 때문에 투자를 시작하면 안 된다는 것을 의미하진 않는다. 이것이 의미하는 바는 당신이 위험을 인식하고, 그에 따라 전략을 준비해야 한다는 것이다.

1명이 아닌 10명 이상의 임차인이 필요한 부동산을 매입함으로써, 세입자 1명 또는 2명이 임대료를 내지 않을 때, 당신의 주머니에서 비용을 부담해야 하는 위험을 줄일 수 있다.

이는 많은 투자자들이 첫 주택을 임대하기로 할 때 간과하는 주요 사항이다. 이들은 한두 달 정도 비어 있을 때 크게 낙담한다. 세입자가 재정난에 빠져 임차료를 지불할 수 없을 때면, 자산의 소유자인 자신이 임차인의 전기료, 보험료, 재산세를 납부해야 한다는 것에 자책한다.

처음부터 이러한 곤란함에 대해 인식하고, 여러 임차인으로부터 수입을 얻을 수 있는 자산에 투자함으로써 이러한 위험에서 벗어날 수 있다.

팀에 에이스를 추가하기

주거용보다 상업용 부동산에 투자하는 이유는 어느 쪽이 더 많은 수입을 가져다주느냐가 최대 관건이다. 단순히 돈을 더 많이 벌기 때문만은 아니다.

만약 당신의 부동산이 한 달에 겨우 1,000달러에서 2,000달러를 벌어들인다면, 부동산 관리를 돕는 누군가를 정규직으로 고용할 여유가 없을 것이다. 이때 누군가를 고용한다면 지불할 수 있는 것보다 더 많은 비용이 들어갈 것이고, 월급이나 임금은 당신의 현금흐름을 잠식할 것이다. 따라서 이는 모든 걸 당신 스스로 해야 한다는 것을 의미한다. 좋지 않은 상황이다.

하지만 나를 믿어라. 다른 사람이 당신의 자산을 관리하고 책임을 질 수 있도록 할 때, 비로소 투사자로서 삶을 살 수 있다. 이것이 바로 원하는 걸 할 수 있게 하고, 돈이 당신을 위해 일하도록 하는 투자의 핵심이다.

100세대의 아파트 단지, 세대 당 임대료가 1,000달러라면 그 부동산은 한 달에 약 10만 달러를 벌어들일 것이다. 지출과 부채 상환액도 훨씬 규모가 커질 것이다. 이 정도 규모라면 한 달에 5천 달러를 지불할 수 있는 여유가 생길 것이며, 다른 사람에게 부동산 관리를 맡길 수 있다. 이렇게 해두면 항상 부동산을 살피는 대신에, 다른 부동산을 구입하는데 시간을 쓸 수 있다. 주거용 부동산에서는 지출을 줄여야 하므로, 사업을 성장시키는데 도움이 되는 우수한 인력을 고용하기가 어렵다.

부동산뿐만 아니다. 어떤 사업에서도 배울 수 있는 중요한 교훈은 항상 사람이 우선이라는 점이다. 당신이 무엇을 하고 있든 당신은 항상 사람들을 상대해야 한다. 누구든 자신의 일에 도움이 되고 자질이 높고 똑똑한 사람들이 주변을 둘러싸고 있어야 한다.

가치 관리

    주거용 부동산과 상업용 부동산에서 가치평가 방식의 차이는 무엇일까? 부동산을 얼마에 팔 것인지 어떻게 결정할 것인가?

    주거용 부동산은 수요와 공급에 의해 평가된다. 본질적으로 그 집에서 살고 싶은 사람이 기꺼이 돈을 지불하려고 하는 것은 가치가 있다는 것이다. 똑같은 다른 집을 원할 수도 있지만, 만약 그 집이 노스 다코타에 있다면, 캘리포니아의 베버리 힐즈나 뉴욕의 맨하탄에 있을 때보다 가치가 훨씬 더 적을 것이다. 왜냐하면 베버리 힐즈나 맨하탄보다 노스 다코타에서 살고 싶어하는 사람들이 훨씬 적기 때문이다.

    같은 집이지만 살고 싶은 사람이 더 많기 때문에 수요가 많고 가격도 더 비싸다. 같은 집, 다른 가치인 것이다.

    하지만 상업용 부동산은 어떻게 가치평가가 이뤄지는 것일까? 다음 장에서는 이 점에 대해 깊이 파고들겠지만, 짧게 대답하자면 상업용 부동산의 가치는 얼마나 돈을 벌게 하느냐로 결정된다. 상업용 부동산이 비로소 투자인 이유는, 그것은 덜 감정적이고 더 많은 비즈니스적 판단을 필요로 하기 때문이다.

그래서 만약 당신이 상업용 부동산으로 수입을 올릴 수 있다면, 이는 더 가치 있는 일이 될 것이다. 기간에 관해서는 설명하지 않으려 한다.

하지만 만약 집에 부엌을 다시 만든다면, 예측 가능한 만큼의 가치가 더 높아질까? 일부는 그렇다고 할 수 있지만, 결국은 최종 구매자가 지불하고자 하는 만큼만 가치가 있을 것이다. 이러한 평가 방법의 차이를 소득 접근법 대 비교가능판매 접근법이라 한다.

소득 접근법에서는 수입을 기준으로 자산을 평가한다. 수입이 높을수록 가치가 높고 수입이 낮을수록 가치도 떨어진다. 비교 가능한 접근법에서는, 당신이 보유한 부동산과 유사한 부동산들을 살펴보고, 그 부동산이 어떤 이유에서 팔리고 있는지를 살펴보는 것이다.

하지만 이때의 문제는 내 부동산의 가치가 다른 부동산 거래에 의해 결정된다는 점이다. 내 자산의 가치를 높이기 위해 내가 할 수 있는 것은 오직 그 정도밖에 없다.

다른 거래에서 누군가가 나쁜 협상가였고, 그들이 받아야 할 가치보다 낮게 받았다면 어떻게 될까? 이는 내 재산의 가치에도 부정적인 영향을 미친다.

그렇기 때문에 수입을 통제할 수 있고 가치를 통제할 수 있는 부동산을 선택해야 한다는 것이다. 많은 투자자들이 처음 투자를 시작할 때 이 핵심 차이를 이해하지 못하고 덤벼든다. 또한 대부분의 사람들이 일반적으로 이 개념을 이해하지 못하고 있고, 당신은 이번 장을 읽었기 때문에 99% 사람들보다 앞선 것을 축하한다.

상업용
부동산의
가치 평가

만세! 이제 가장 중요한 상업용 부동산의 가치평가 방법을 설명하려고 한다. 이것은 당신의 일생에 있어 가치 있는 기술이다. 이번 장을 읽고 나면 당신은 재빨리 팔려고 내놓은 상업용 부동산을 살펴보게 될 것이고, 그 부동산의 가치가 어느 정도인지 잘 알게 될 것이다.

또한 당신은 상업용 부동산 중개업자들이 당신이 초보인지 아닌지를 알아보기 위해 사용하는 작은 비밀을 파악하게 될 것이고, 당신이 어떻게 부동산 매매에 유리하게 활용할 수 있는지 알게 될 것이다.

순운영수입

상업용 부동산 가치에 영향을 미치는 요인은 크게 두 가지다. 첫 번째는 '순운영수입'이다. 이 용어는 항상 'NOI'로 표시하며 다음의 공식에 따라 결정된다.

수입 − 비용 = 순운영수입

또는 다른 형식으로

수입 − 지출 = 순영업수입

바로 이거다. 부동산의 NOI는 매우 쉽게 결정된다. 우리가 원하는 것이 바로 수입에서 지출을 뺀 것이다.

"와, 이렇게 간단하다고?! 내가 해야 할 일은 현금흐름만 보면 해당 부동산의 가치가 어느 정도인지 알 수 있는 거네?"

"글쎄요, 정확히는 아니에요." 나는 항상 이렇게 대답한다. 나는 누구와 이야기를 하던 먼저 진정을 시킨다. "알다시피, 현금흐름과 NOI는 같지 않아요. 한 가지 큰 차이가 있지요."

현금흐름

현금흐름은 다음 공식을 사용하여 계산한다.

수입 – 비용 = 순영업수입

순영업수입 – 채무상환* = 현금흐름

또는

수입

– 비용

= 순영업수입

– 채무상환*

= 현금흐름

* 채무상환은 주택담보대출금 상환의 다른 용어다. 순영입수입은 채무상환 전의 재산 평가를 말한다.

이를 평가하는 이유는 부동산 매매를 위해 은행을 이용할 필요가 없을 때이다. 만약 매매를 원하고 충분한 돈이 있다면, 부동산을 매입하는데 자신의 돈을 사용할 수 있을 것이다. 은행에서 대출받을 필요가 없는 것이다.

은행을 이용하지 않을 경우 현금흐름은 NOI와 동일하다. 하지만 은행의 돈을 사용하지 않는다면, 부동산으로부터 제공되는 많은 혜택을 놓치게 된다. 자신의 돈만으로 부동산을 매입한다면 사업의 성장을 지연시키는 것이다. 그렇기 때문에 많은 투자자들이 대출을 활용한다.

그래서 거의 모든 사람이 은행의 돈을 사용하고, NOI와 현금흐름을 모두 활용한다면, 부동산 가치와 같은 수치를 얻게 될 것이다. 그렇지 않은가?

아니, 그렇지 않다. 예를 들어
100,000달러 − 40,000달러 = 60,000달러(NOI)

또는
수입 : 100,000달러
비용 : −40,000달러
NO I : 60,000달러
라고 하자.

그리고 서로 다른 두 명의 투자자가 해당 부동산의 복사본을 샀다고 하자. 비록 해당 부동산이 동일한 NOI를 가지고 있고, 동일한 가치가 있다고 하더라도, 이들은 다른 현금흐름을 가질 수 있다.

왜 그런 것일까?

부동산 구매자 중 한 사람은 당신이고, 다른 한 사람은 워렌 버핏이라고 치자. 자, 나는 당신을 모르지만 당신이 워렌 버핏보다는 돈이 더 많지 않다는 것을 확신하고 있다.

알다시피, 우리가 은행에 가면 은행원은 우리를 보고 자신에게 이렇게 묻는다. "이 사람은 얼마나 위험할까?" 만약 당신이 위험하다고 판단되면, 그들은 당신에게 더 높은 이율을 부과할 것이다.

이율은 위험의 반영이다. 이율은 돈을 빌려주는 대가이다. 금리가 높을수록 이자를 더 많이 내야 한다. 위험이 높아지면 은행은 위험을 감수하기 위해 더 많은 이자를 원할 것이기 때문이다.

그렇다면 다른 대출자인 워렌 버핏과 당신에 대해, 은행은 어느 쪽에 더 위험을 느낄까? 은행은 위험을 제때 대출을 상환할 수 있는 능력으로 정의할 것이다.

은행은 워렌이 돈이 많다는 것을 알기 때문에 위험이 매우 낮다. 또한 그는 투자와 채무 상환에서 좋은 실적으로 갖고 있다.

반면에, 당신은 워렌보다 더 많은 위험을 가지고 있다. 왜냐하면 억만장자가 아니기 때문이다.

괜찮다, 억만장자가 아니라고 자책하지 마라. 언젠가는 그곳에 도착할 거니까!

단 지금으로서는 워렌보다 더 높은 금리를 적용받게 될 것이라는 점을 직시해야 한다. 이는 나쁜 일이 아니며, 은행의 돈을 빌리지 말라는 뜻이 아니다. 이것이 바로 금융이 작동하는 방식이다. 다시 우리의 사례로 돌아가 보자.

평가를 위해
현금흐름 대신
NOI를 사용하는 이유

워렌은 당신보다 낮은 금리를 적용받을 수 있다. 이 때문에 그의 현금흐름은,

NOI − 채무상환(DS) = 현금흐름

(NOI) 60,000달러 − (DS) 10,000달러 = 현금흐름 50,000달러

처럼 보일 것이다.

또는 다른 형식으로

수입 : 100,000달러

비용 : −40,000달러

NOI : 60,000달러

채무상환 : −10,000달러

현금흐름 : 50,000달러가 될 것이다.

이 부동산에 대해 워렌은 1만 달러의 채무상환을 하게 될 것이

다. 따라서 그의 현금흐름은 5만 달러가 된다.

당신이 워렌보다 더 위험하기 때문에, 당신은 더 높은 금리를 적용받게 된다. 하지만 은행은 여전히 당신에게 돈을 빌려줄 것이다. 당신은 워렌과 같은 액수의 돈을 빌리지만, 당신의 채무상환은 1만 달러가 아니라 1만 5,000달러가 된다. 현금 흐름은 다음과 같다.

(NOI) 60,000달러 – (DS) 15,000달러 = 현금흐름 45,000달러

또는,

수입 : 100,000달러

비용 : –40,000달러

NOI : 60,000달러

채무상환 : –15,000달러

현금흐름 : 45,000달러

두 사람 모두 같은 금액을 빌렸고, 자산가치도 같고 NOI도 같았지만, 당신은 워렌보다 5,000달러를 더 지불해야 했다. 은행이 당신에게서 더 높은 금리를 적용했고 워렌보다 더 위험하기 때문이다.

금융 및 투자에는 다음과 같은 일반적인 규칙이 있다.
프로젝트의 위험이 높을수록 더 높은 수익률이 필요하다.
프로젝트의 위험이 낮을수록 더 낮은 수익률이 요구된다.
이 모든 것은 우리가 부동산 가치를 평가하는데 있어 현금흐름

보다는 NOI를 사용하는지, 전체적인 이유가 된다. 워렌이 당신보다 더 나은 대출자라는 이유만으로, 그의 자산이 더 가치 있는 것은 공평하지 않을지 모른다.

하지만 동일한 자산이라 할지라도, 투자자로서 개인의 상황에 따라 현금흐름은 달라진다.

자산 가치를 평가하기 위해 NOI를 사용함으로써, 비로소 부동산을 매매하려는 모든 사용자를 위한 장이 마련된다. 우리는 자산이 다른 투자자에 비해 어떤 종류의 수익을 제공하는지가 아니라, 자산 자체의 장점과 성과를 기반으로 자산을 평가할 줄 알아야 한다.

워렌과 같은 투자자들에게는 이점이 있다. 우리는 이것을 '신용'이라고 한다. 즉, 신용도가 높으면 위험이 낮기 때문에 은행은 대출을 선호한다. 신용이 있는 사람의 경우, 신용이 없고 더 높은 이자를 지불하는 사람보다 동일한 부동산에서 더 높은 현금흐름을 얻을 수 있다.

이 모든 게 말이 되는가? NOI가 무엇인지, 그리고 왜 우리가 부동산을 가치로 평가하는데 현금흐름 대신에 NOI를 사용하는지 알게 되었는가?

따라서 NOI를 확실히 이해해 두는 것이 중요하다.

요약
순영업수입(NOI) = 수익 − 비용
현금흐름 = NOI − 부채상환

가치 결정

이제 NOI를 이해했다면, 자산의 가치를 결정하는데 NOI를 어떻게 사용하는지 궁금할 것이다. 부동산 가치를 높이는데 있어서 그것이 필요하지는 않기 때문에, 위의 예를 염두에 두면서 부채상환 항목을 없앨 것이다.

수입 : 100,000달러
비용 : −40,000달러
NOI : 60,000달러

6만 달러가 우리의 NOI다. 가장 먼저 이해해야 할 부분은 NOI가 매년 사용된다는 점이다. 이것을 보는 방법은 두 가지가 있다. 먼저 당신은 1월 1일부터 12월 31일까지의 작년 수입은 얼마였는지 알 수 있을 것이다. 다음 방법은 지난 12개월 동안이다. 만약 여러분이 2021년 7월이라면, 당신은 2020년 6월에서 2021년

6월까지를 봐야 한다.

이렇게 하면 지정된 날짜의 수치 대신에, 자산의 가장 최근 수치를 볼 수 있다. 나는 1월에서 12월보다는 12월부터 1월까지 후행으로 보는 것을 더 선호한다.

※ 주의 : 산수가 필요하다! 이것은 매우 쉬운 산수라고 약속할 수 있으므로 내 말을 따르길 바란다.

이제 우리가 하고자 하는 것은 부동산에 대한 수입 수준을 결정하는 것이다. 10%의 수익률을 원한다면, NOI를 가져다 수익률로 나눠서 값을 얻을 수 있다.

만약 자산이 얼마나 많은 NOI를 가지고 있고, 우리가 그 자산으로부터 얼마의 수입을 원하는지 알고 있다면, 그 자산의 가치가 얼마인지 알아낼 수 있는 매우 간단한 방정식을 만들 수 있다.

우리가 할 일은 수입을 원하는 수익률로 나누는 것뿐이다. 그러면 자산에 얼마를 지불해야 할지 알 수 있을 것이다.

따라서 우리가 가진 돈의 10%의 수익을 원한다고 가정해 보자. 단지 우리가 원하는 가치의 수입으로 NOI를 나누면 된다.

$$\text{가치} = \frac{60,000\text{달러}}{10\%}$$

이 부동산의 가치는... 60만 달러가 될 것이다! 이는 우리가 10%의 수익률을 원하는 그 자산이 연간 6만 달러의 NOI를 벌기 때문에 의미가 있다.

6만 달러는 60만 달러의 10%이다.

간단해 보이는가?

이렇게 쉬웠으면 좋겠다. 불행히도 우리는 얻고자 하는 수익을 정하지 못하면서도 그 방식으로 자산을 평가하려 한다.

실제로 작동하는 방식은 다음과 같다. 부동산 유형은 시장에 의해 위험 수준을 할당받는다. 예를 들어, 시장은 아파트 단지가 사무실 공간보다 위험도가 낮다고 말할 수 있다. 시장은 어떤 이유에서든 이렇게 말할 수 있다. 아파트 거주와 재택 근무를 원하는 사람이 많아지면서, 사무실 임대인보다 아파트 임차 고객이 많아졌기 때문이다.

나는 '시장'을 언급할 때, 거래에서 구매자와 판매자 사이에 무슨 일이 일어나고 있는지 말하는 것이다. 구매자들이 기꺼이 무언가를 지불하고 판매자들이 기꺼이 매도할 의향이 있는 집합적인 가격을 말한다. 워렌과 당신의 사례에서처럼, 낮은 위험을 선택하는 것은 보상을 받을 것이다. 예를 들어, 시장이 사무실 공간은 10% 수익률의 가치가 있고, 아파트는 덜 위험하기 때문에 5% 수익률만 내면 된다고 말해 준다고 치자.

이 NOI가 사무실 공간에 속할 경우 :

$$가치 = \frac{60,000달러}{10\%} = 600,000달러$$

이 NOI가 아파트에 속한 경우 :

$$가치 = \frac{60,000달러}{5\%} = 1,200,000달러$$

자산은 동일한 NOI를 가지지만 가치는 다르다. 이는 한 투자자와 관련된 위험 때문이다. 이는 당신에게 오타처럼 보일 수도 있지만 그렇지 않다.

만약 당신이 누군가가 돈을 곱하는 것에 대해 말하는 것을 들어본 적이 있다면, 이것이 바로 그들이 말하는 것이다. 이것은 매우 강력하다!

자본 환원율

알다시피, 우리가 NOI를 나눈 %에는 명칭이 있다. 이를 '자본 화율' 또는 줄여서 '자본 환원율'이라고 한다. 자본금은 매우 강력하며 상업용 부동산에서 큰 돈을 벌 수 있는 방법이다. 당신은 자본 환원율이 무엇인지 잘 알아둘 필요가 있다. 모든 부동산 거래에서 가장 중요한 요소 중 하나이기 때문이다.

부동산을 팔 때는 NOI 1달러마다 더 높은 가격을 받기 때문에, 자본 환원율이 낮은 편이 좋다. 만약 당신이 부동산을 매입한다면, 일반적으로 더 높은 자본 환원율을 원하게 된다. 왜냐하면 그것은 당신이 좋은 거래를 하고 있다는 것을 의미하기 때문이다. 그러나 이 방법은 유연하지 않고 빠르지 않다. 때때로 자본 환원율은 부동산에 문제가 있거나, 소유하고 싶지 않은 것을 의미할 수 있기 때문이다.

소유권에 문제가 있어 소유하지 않으려 할 수도 있다.

낮은 자본 환원율 = 낮은 위험 = NOI의 현금이 더 가치 있다.

높은 자본 환원율 = 높은 위험 = NOI의 현금은 덜 가치가 있다.

아래 차트를 보면 연간 NOI가 6만 달러인 부동산은 사용된 자본 환원율에 따라 가치가 얼마나 되는지 알 수 있다. 자산은 동일한 순운영수입을 만들어내지만, 가능한 값의 범위가 넓을 수 있다. 따라서 동일한 부동산이 팔릴 경우 광범위한 판매 가격을 형성할 수 있다.

(단위: 달러)

수입	100,000
비용	40,000
NOI	60,000
자본 환원율	가치
10%	600,000
9%	666,667
8%	750,000
7%	857,143
6%	1,000,000
5%	1,200,000
4%	1,500,000
3%	2,000,000

이 계산은 스스로 혼자서도 할 수 있다. 계산기를 꺼내 6만 달러를 각 백분율로 나눠 결과를 직접 확인하자.

10%과 9%의 환원율 사이의 속성이 5%과 4% 환원율 차이보다 얼마나 작은지 주목하자. 10% 상한에서 9% 상한까지 차이는 6만 6,667달러에 불과하지만, 5% 상한에서 4% 상한까지는 30만 달러나 차이가 난다.

자본 환원율의 힘을 아는 것은 매우 중요하다. 만약 당신이 부동산을 매입하고 있고, 자본 환원율이 5%인데 판매자는 당신에게

4%에 팔고 싶다고 말할 것이다. 자본 환원율의 차이는 그다지 크게 보이지 않는다. 지식이 부족하면 그저 1%만 차이가 난다고 들릴 것이다. "뭐가 큰일이야? 1% 차이밖에 안 되는데?" 하지만 실제로는 그 작은 차이는 자산과 관련하여 지불되는 비용에 큰 차이를 불러올 수 있다. 12개월 동안 NOI가 매입 가격의 몇 %가 될지를 이 자본 환원율을 통해 알 수 있는 것이다. 그리고 위험을 결정하는 다음 요인에 따라 자본 환원율은 상승하거나 하락할 수 있다.

- 자산의 입지
- 자산의 유형
- 자산의 연한
- 자산의 수준
- 부동산 시장 및 순환
- 해당 자산의 유형에 대한 요구사항

요령 : 상업용 부동산 중개인들은 팔려고 보유하고 있는 부동산에 상한가와 NOI만 게시한다. 이렇게 함으로써 투자라는 게임에서 초심자를 걸러낸다. 그래야 누군가 전화를 걸어 부동산에 대해 물어보고 매매가가 얼마냐고 묻는다면, 중개인은 지금 대화하는 사람이 부동산을 매매해 본 적이 없다는 것을 알게 되어 시간을 낭비하지 않을 것이다.

모든 노련한 투자자는 자본 환원율과 NOI로 매입 가격을 결정할 수 있다는 사실을 알아야 한다. 당신이 여기서 실수를 하면 구매자로서 존중되지 않을 것이다.

자본 환원율 결정하기

자본 환원율이 중요하다는 것을 알았기 때문에, 이것이 어떻게 결정되는지를 아는 것도 중요하다. 자본 환원율이 어떻게, 왜 다른지 살펴보도록 하자.

입지

일반적으로 맨하탄에 아파트 단지가 있고 알래스카에 같은 아파트 단지가 있다면, 알래스카 아파트는 더 위험할 것이다. 따라서 자본 환원율은 더 높아진다. 알래스카에 사는 사람이 적다는 것은, 잠재적 세입자가 적다는 것을 의미하고 이 알래스카를 더 위험하다고 판단하는 요소가 된다. 위험이 클수록 요구되는 수익률도 높아지기에, 더 높은 자본 환원율이 필요하다. 성장이나 일자리, 미래에 대한 기대, 삶의 질 등, 그 외에도 위치 및 환경 등 많은 요소들이 작용한다. 자산의 위치는 사용되는 자본 환원율에 큰 영향을 미친다.

유형

자산의 유형은 아파트 대 사무실 공간의 예로 돌아가 보자. 당연히 어떤 종류의 자산이냐에 따라 사용된 자본 환원율에 영향을 미친다. 직원들이 사무실에 출근하는 것에서 재택근무로 추세가 바뀌면서, 기업은 이제 더 이상 필요하지 않은 사무실을 임차하려 하지 않을 것이다. 시장에서 잠재 임차인이 줄어들면 소득 불확실성 때문에, 사무실 공간은 더욱 위험 부담은 높아질 것이다.

소매 공간도 마찬가지다. 요즘 온라인 쇼핑이 너무 많이 이루어지면서 인터넷에서 더 많은 구매를 하고, 구매를 위해 상점에 가는 사람들이 줄어들었다. 만약 사람들이 상점에서 구매를 중단하고 온라인으로만 구매한다면, 우리는 더 이상 상점이 필요하지 않을 것이다. 이는 상가 부동산의 가치를 떨어뜨리고 투자를 더 위험한 상황에 처하게 만들 것이다.

연한

오래된 부동산은 일반적으로 새로운 부동산보다 자본 환원율이 크다. 오래된 자산이 새로운 자산보다 위험도가 높기 때문이다. 오래된 자산은 기능의 노후화와 물리적 보수가 필요할 가능성이 높다. 반면 새로운 부동산은 새 지붕을 갖게 될 것이며, 소유기간 동안 지붕을 교체해야 할 위험이 없다. 따라서 오래된 부동산을 구입하면 수리해야 할 위험이 더 커진다. 이것은 소유하는 동안 더 많은 돈이 지출될 것이라는 점을 의미하며, 새로운 자산보다 더 높은 자본 환원율을 불러올 것이다.

자산의 수준

밤에 여자 혼자 걷지 못하게 하는 지역에 가본 적 있는가? 맞다. 거긴 D나 C 구역이다. 라스베가스에 가본 적이 있고, 뉴욕의 거리나 타임스퀘어를 걸어본 적이 있는가?

그곳은 A급 지역이다. 부동산에서 우리는 A에서 D까지 순위를 매기는데, A가 가장 바람직하고 D가 가장 바람직하지 않다. A 클래스 자산은 위험이 낮기 때문에 낮은 자본 환원율을 가지며, D 클래스의 자산은 위험이 높기 때문에 자본 환원율의 상한이 높다.

일반적으로 D 클래스 지역에서 당신에게 임대하려는 사람들은 A 클래스 지역보다 당신의 부동산을 손상시키고 돌보지 않을 가능성이 더 높다. 이 때문에 예상치 못한 수리비용이 더 많이 발생하고 따라서 리스크도 더 커진다.

부동산 시장 및 순환

이는 2018년 부동산 시장과 2008년 부동산 시장을 비교한 것이다. 2008년에는 자본 환원율 10(10%)에 팔리던 부동산은 2018년에는 5에 팔렸다. 부동산 시장이 수요가 적은 곳에서 수요가 높은 곳으로 순환하면서, NOI의 변화 여부에 따라 가치가 변화한 것이다.

부동산 사이클에는 여러 가지 이유가 있지만, 일반적으로는 미국과 전 세계적으로 경제가 얼마나 좋은가에 달려 있다. 경제가 좋아질수록 시민과 기업이 더 많은 돈을 갖게 되고, 부동산에 유입되는 자금도 많아진다.

돈이 있고 물건을 살 수 있는 능력이 있는 것을 유동성이라고 하는데, 유동성은 부동산에서 매우 중요한 영향을 미친다. 아무도 유동성을 가지고 있지 않다면, 부동산을 매입할 수 없고 이는 가격을 떨어뜨릴 것이다. 투자자들이 유동성을 가지고 있을 때, 부동산을 매입할 가능성이 더 높아지고 가격 형성에 좋다. 시장에서 구매자가 많을수록 가격은 올라간다. 시장에서 구매자가 적을수록 가격은 낮아진다. 이것이 기본적인 공급과 수요의 법칙이다.

금리

금리는 연방준비제도이사회(Fed)가 정하는데, Fed는 정부와 매우 긴밀히 협력하고 있지만 정부기관은 아니다. 경제 상황이 좋지 않을 때, Fed는 금리를 낮출 것이다. 이는 경제 활동에 참여하는 모든 사람들의 비용을 낮추고, 기업이 더 저렴한 금리에 자금을 조달할 수 있게 한다.

만약 금리를 내리면 기업들은 이자 지불 부담을 덜면서, 더 많은 돈을 빌려 자신들의 사업에 투자할 수 있다는 것을 의미한다. 그래서 사업 성장이 둔화되거나 중단되면 Fed는 나라 전체의 금리를 낮춘다. 은행들은 Fed로부터 자금을 받기 때문에, Fed가 금리를 내릴 때 각 시중 은행들은 투자자인 우리들에게 더 낮은 금리로 대출할 수 있다. 또한 금리가 내려가면 자본 환원율도 내려간다. 일반적으로 금리와 자본 환원율 사이에는 가산금리가 있다. 예를 들어 금리가 5%이면 일반적으로 자본 환원율은 7%로 약간 높아진다. 그런데 금리가 4%로 떨어지면 부동산 매입 시 더 낮은 금리를 활용하려는 구매자가 늘어남에 따라, 자본 환원율은 6%로 줄어들 것이다. 이는 상당히 고급 주제이지만 배울만한 가치가 있다.

자본 환원율의 힘

자본 환원율이 얼마나 강력한지 간단히 예를 들어 보겠다. 아틀란타의 한 아파트 주인은 쓰레기를 내다 버리는 새로운 정책을 시행했다. 그것은 매일 밤 돌아다니며 문 밖에 놓아둔 쓰레기를 주워 쓰레기통에 버리는 서비스였다. 이는 의무적으로 시행한 정책이었고, 한 달에 25달러가 더 소요되었다. 세입자 한 명당 하루에 1달러 미만이었다.

이는 큰 돈처럼 보이지는 않지만, 단지에는 196세대가 살고 있었다. 따라서 아파트 주인의 추가 수입은 196 × 25 × 12개월 = 연간 5만 8,800달러가 될 것이다. 하지만 아파트 주인은 매일 밤 노동할 사람을 고용해야 했고, 이 노동은 하루에 2시간씩 걸린다고 가정해 보자.

시간당 20달러다. 하루에 40달러 × 365일 = 1년에 1만 4,600달러이다.

수입 : 58,800달러

비용 : −14,600달러

NOI : 44,200달러

아파트 소유주는 NOI에 44,200달러를 추가한 것이다. 이런 유형의 아파트 시장이 약 6% 정도의 자본 환원율로 형성되어 있다고 가정해 보자. 아파트 소유주는 얼마의 자산 가치를 높였는가?

$$\frac{44{,}200달러}{6\%} = ???{,}???달러$$

한 세입자에게는 월 25달러가 그리 비싸 보이지는 않지만, 이 프로그램을 시행함으로써 아파트 소유자는 73만 6,667달러를 벌었다. 아파트 단지에서 이 정책을 시행한 첫 달 만에 부동산 가치가 73만 6,667달러 올랐고, 아파트 소유주는 이 부동산을 처분하게 될 경우, 추가적인 현금을 주머니에 넣을 수 있게 된다.

나는 당신이 이런 이득을 얻길 바란다. 이런 투자는 매우 강력하며 부동산에서 행운이 만들어지는 방법이다.

만약 소유주가 그 부동산을 팔지 않고 유지하기로 결정한다면 어떨까. 그는 여전히 매년 4만 4,200달러, 즉 한 달에 3,683달러의 현금 유동성을 추가로 확보하게 된다.

이제 여러분은 상업용 부동산에 대해서도 관심을 가져야 한다!

PART
07

세제 혜택

대부분의 사람들은 세금 혜택이라고 불리는 장으로 페이지를 넘길 때, 하품을 하고 책을 다시 책꽂이에 꽂거나, 그 장을 완전히 생략할 가능성이 높다.

하지만 당신은 계속 읽게 될 것이다. 왜냐하면 당신은 어떻게 마지막 장에서 소유자가 벌어들인 73만 6,667달러의 이익을 완전히 비과세할 수 있는지 알게 될 것이기 때문이다!

괜찮지 않은가? 가치 있는 것 같은가? 좋다. 이 부분은 마지막 부분처럼 여러분의 삶을 바꿀 것이기 때문에 꼭 곁에 두어야 한다.

부동산 투자로
세제 혜택을 받는 이유

부동산의 또 다른 측면인 4가지의 주요 세제 혜택은, 당신의 재정 활동을 완전히 변화시킬 것이다. 본격적으로 들어가기 전에 먼저 그 이유를 알아보자.

왜 부동산 소유자들은 세금 혜택을 받는가?

부동산은 이미 많은 사람들이 투자하고 소유하는 것에 관심을 가질 만큼 충분히 매력적이어서, 더 이상 추가적인 장식이 필요하지 않을 것 같다. 정말로 그럴까. 아마도 그건 사실일 것이다. 하지만 정부는 사람들이 확실히 관심을 갖고 있는지 확인하기로 결정했다. 그래서 우리의 여유 자금이 은행 대신에 다른 곳, 부동산 투자에 흘러들어가기를 확실히 원한다.

또한 정부는 우리가 유럽이나 남미, 또는 다른 곳에 있는 부동산보다는 미국 부동산을 구입하여 미국인들에게 큰 혜택을 주기를 원한다.

알다시피, 정부는 세금 코드라고 불리는 세금을 안내하는 플레이북을 내놓는다. 몇몇 사람들은 세법을 보고 정부가 당신에게서 돈을 빼앗으려고 하는 모든 방법을 살펴본다. 하지만 부동산 투자자들은 세법을 볼 때, 지침서로만 본다.

정부는 세법을 제정하고 정부가 일어나기를 원하는 일에 대해 인센티브를 준다. 만약 정부가 원하는 것이 사람들이 집을 사는 것이라면, 정부는 당신이 과세 소득에서 주택에 대한 이자 비용을 공제할 수 있도록 인센티브를 제공한다.

만약 당신이 자선단체에 기부하기를 원한다면, 정부는 당신에게 세금감면 혜택도 준다. 부동산에 대한 큰 세금감면 중 4대 부문은, 정부가 당신에게 주는 인센티브이다. 정부는 당신이 임대할 수 있는 부동산을 제공하길 원하기 때문이다.

만약 당신이 세법과 싸우려고 한다면 당신은 패배할 것이다. 그러나 세법을 친구로 삼으면 이긴다.

일부 사람들은 세금을 내는 것이 애국적인 의무라고 생각한다. 물론 진실은 그 반대지만 말이다! 만약 당신이 세금을 내고 있다면, 당신은 정부가 원하는 것을 하고 있지 않다는 것을 의미한다.

세금을 내는 것은 벌금이다. 세금을 내지 않는 것이 우리의 목표가 되어야 한다. 그렇다. 세금을 전혀 내지 않는 것이 실제로 가능하다. 사실 나는, 많은 사람들이 매년 수백만 달러를 벌면서 매년 세금 한 푼 안 낸다는 사실을 잘 알고 있다.

그렇다. 제로다.

당신도 그렇게 할 수 있다.

사실, 세금을 내지 않는 것이 세금 내는 것보다 더 애국적이다. 왜냐하면 당신은 정부가 임대해야 할 아파트, 창고, 사무실, 의사가 사용할 의료 공간, 또는 쇼핑할 식료품점을 제공함으로써, 정부가 해야 할 일을 대신하고 있기 때문이다.

그런 당신에게 정부는 세금감면 혜택을 주길 원한다. 그러니 정부가 어떻게 하면 행복해질 수 있는지 알아보자!

감가상각은 좋은 친구다

    대부분의 사람들이 생각하는 것은 우리가 말하는 가치 하락의 종류가 아니다. 나는 새 차를 처음으로 주차장에서 몰고 나갔을 때, 차의 가치가 어떻게 되는지에 대해 말하려는 것이 아니다. 그것은 나쁜 평가절하이다. 우리는 좋은 감가상각을 원한다.

    앞서 언급했듯이, 투자 부동산을 매입할 때 국세청은 그 건물이 매년 조금씩 낡아질 것이라는 사실을 인지한다. 시간이 지남에 따라 건물이 서서히 노후화되기 때문에 감가상각을 받는 것이다.

    국세청은 사람들이 살게 될 건물은 27.5년에 걸쳐 모든 가치가 0달러가 될 것이라고 말한다.

    또한 사람이 살지 않는 건물은 39년이 지나면 무너질 것이라고 예상한다. 다음 도표는 우리가 매년 100만 달러짜리 빌딩에 대해 얼마나 상각할 수 있는지 보여준다.

    이 도표를 보면 주거용과 상업용 부동산에 대해 얼마나 '감가상각'되는지 알 수 있다. 당신은 해당 부동산을 100만 달러에 매입했다고 하자. 주거용 부동산의 경우 100만 달러를 가져다가 27.5로 나눈다. 이렇게 하면 매년 3만 6,364달러를 지출로 인정받을 수 있다.

● 100만 달러에 매입　　　　　　　　　　　　　　　(단위: 달러)

년	주거용(27.5)	기준	상업용(39)	기준
1	36,364	963,636	25,641	974,359
2	36,364	927,273	25,641	948,718
3	36,364	890,909	25,641	923,077
4	36,364	854,545	25,641	897,436
5	36,364	818,182	25,641	871,795
6	36,364	781,455	25,641	846,154
7	36,364	745,455	25,641	820,513
8	36,364	709,091	25,641	794,872
9	36,364	672,727	25,641	769,231
10	36,364	636,364	25,641	743,590

상업용일 경우, 당신은 동일한 100만 달러를 가져다가 39로 나눠, 매년 25,641달러를 비용으로 인정받을 수 있다. '기준' 열의 숫자는 감가상각을 뺀 원래 매입가를 나타낸다.

이를 기준이라고 하는데 앞으로 얼마나 더 감가상각비로 인정받게 될지를 가늠해 볼 수 있는 방법이다.

1차 연도 말에 주거용에 대한 기준을 계산하기 위해 100만 달러 − 3만 6,364달러 = 96만 3,636달러가 된다.

상업용 기준을 계산하려면 100만 달러 − 2만 5,641달러 = 97만 4,359달러가 된다.

2년차의 다음 도표를 보면, 주거용은 3만 6,364달러, 상업용은 2만 5,641달러이다. 2차 연도 말 기준에서 1차 연도 말 기준에서

2차 연도 말 기준치를 뺀 값이다.

● 100만 달러에 매입

(단위: 달러)

년	주거용(27.5)	기준	상업용(39)	기준
1	36,364	963,636	25,641	974,359
2	36,364	927,273	25,641	948,718

다음 도표는 10년 동안 기준이 어떻게 내려가는지 보여준다.

● 100만 달러에 매입

(단위: 달러)

년	주거용(27.5)	기준	상업용(39)	기준
1	36,364	963,636	25,641	974,359
2	36,364	927,273	25,641	948,718
3	36,364	890,909	25,641	923,077
4	36,364	854,545	25,641	897,436
5	36,364	818,182	25,641	871,795
6	36,364	781,455	25,641	846,154
7	36,364	745,455	25,641	820,513
8	36,364	709,091	25,641	794,872
9	36,364	672,727	25,641	769,231
10	36,364	636,364	25,641	743,590

주거용 부동산의 경우, 당신은 총 36만 3,640달러의 감가상각을 받았다. 이는 10년이라는 기간 동안 36만 3,640달러를 벌었지만, 이것에 대해서는 어떤 세금도 낼 필요가 없음을 의미한다.

상업용 부동산의 경우 총 25만 6,410달러의 감가상각을 적용했다. 이는 10년이라는 기간 동안 당신은 25만 6,410달러를 벌 수 있었고, 이에 대해서는 세금을 낼 필요가 없다는 것을 의미한다.

사람들이 주택용으로 사용하는 100만 달러짜리 건물(상기 주거용 건물)에서 우리는 매년 3만 6,364달러를 지출로 인정받을 수 있다.

하지만 당신은 3만 6,364달러를 누구에게 지불한 것일까? 절대 지불하지 않았다고! 정부는 당신이 이 건물들을 소유하길 원하기 때문에, 정부는 당신이 이 비용을 부담하도록 한다. 이전 장에서 투자한 금액에 대해 부과되는 금액은 다음과 같다.

100만 달러에 구입한 주택

NOI(60,000달러) − 감가상각(36,364달러) = 23,636달러 과세 금액

또는

수입 : 100,000달러

비용 : −40,000달러

NOI : 60,000달러

감가상각 : −36,364달러

과세금액 : 23,636달러

100만 달러에 구입한 상업용

NOI(60,000달러) − 감가상각(25,641달러) = 34,359달러 과세 금액

수입 : 100,000달러

비용 : −40,000달러

NOI : 60,000달러

감가상각 : −25,641달러

과세금액 : 34,359달러

이를 분명히 하자면 감가상각은 실제로 사용된 비용이 아니다. 우리는 감가상각비를 누군가에 지불하지 않는다.

대단하지 않은가! 우리는 매년 그 돈을 쓴 것처럼 모든 감가상각 금액을 지출로 인정되는데, 실제로 그렇게 하지 않은 것이다! 이것은 바로 우리 주머니가 면세로 받는 현금이다!

만약 이것이 기분 좋게 들린다면, 비용 분리에 관한 다음 장을 기다리시라.

보시다시피, 정부는 당신이 다른 자산보다 주택(주거용)에 더 많이 투자하기를 원한다. 정부는 시민들이 다른 공간보다 주택 보유를 더 걱정하기 때문에, 주택에 대해 세금감면 혜택을 더 많이 준다. 이 때문에 우리 투자자들은 거기에 더 관심을 집중한다.

다음 단계로 넘어가기 전에 '기준' 열에 주목해 보자. 이것은 매년 말에 감가상각할 수 있는 자산에 남아 있는 금액이다. 기준이 0에 도달하면 감가상각이 소진되기 때문에 이 점을 알고 있어야 한다. 위의 도표에서 볼 수 있듯이, 전년도 기준에서 올해 사용한 감가상각액을 빼서 기준을 계산한다.

부동산을 매입할 때 정부가 건물에 대해서만 감가상각을 허용한다는 점도 주목할 필요가 있다. 토지를 감가상각할 수는 없다. 따라서 부동산을 매입할 때 토지에 대한 매입가가 얼마인지, 건물 매입가가 얼마인지를 구분해 둬야 하는데, 이를 일명 '부동산 개조비'라고 한다.

감가상각의 가속화

이 부분에서 세제혜택의 꿀팁이 많이 나오니까 형광펜을 들기 바란다.

우리가 방금 감가상각에 대해 알게 된 것을 토대로, 정부는 투자자들을 위해 좀 더 달콤하게 만들기를 원했다! 나는 이 전략에 대해 들어본 적이 없는 수많은 투자자들에게 이야기를 들려주었다. 이것은 실제로 수익 그 자체이다. 이것은 다른 말로 비용 분리 궁리를 통해 이뤄지는 가속 감가상각이라고 한다.

여기에 이면에 감춰진 일반적인 논리가 있다. 즉 정부는 우리가 27.5년 동안 주거지를 감가상각하도록 허용한다. 하지만 현실적으로 건물의 모든 것이 같은 속도로 악화되는 것은 아니다. 지붕은 15년 동안 유지되지만 바닥은 5년밖에 지속되지 않는다. 벽은 4년 동안 지속될 것이고, 건물의 기초는 40년 동안 지속될 것이다. 요점은 모든 것이 같은 속도로 노후화되는 것은 아니다.

그래서 우리가 할 수 있는 일은 부동산에 대한 비용분리를 위해 궁리해 줄 전문가를 고용하는 것이다. 이 연구에서 전문가는 건물의 각각의 개별적인 요소들을 구석구석 살펴볼 것이다. 그들은 콘크리트, 벽의 목재, 조명으로 연결된 전선, 싱크대로 가는 파이프, 샤워 타일을 살펴볼 것이다. 그런 다음 그들은 각각의 노후화 속도에 따라 각각의 가치를 감가상각할 것이다.

목재는 3년 동안 지속된다고 할 수 있다. 그래서 그 가치를 가지고 27.5년 동안 나누는 대신에, 3년으로 나누도록 한다. 전기 배선은 5년간 지속된다고 할 수 있으니 27.5년을 기다리지 말고 5년에 걸쳐 전선 가치를 떨어뜨려 보자.

이것은 정말로 우리가 하고 싶은 세금 게임일 뿐이다. 목재는 3년, 전선은 5년 동안 감가상각을 하더라도, 3년 또는 5년 후에도 그 항목은 잘 작동될 것으로 예상한다. 우리는 그저 할 수 있는 한 많은 감가상각을 받고 싶은 것뿐이다.

이것은 감가상각의 많은 부분을 차지하는데, 이를 첫 2년으로 옮기는 것이다. 그러면 큰 이점을 누리게 될 것이다! 이 연구는 전문가에 의해 이뤄져져야 하지만 그만한 가치가 있다. 당신은 '비용분리 연구 부동산'을 검색하면 전문가를 찾을 수 있다.

나는 개인적으로 1년차 매입 가격의 40%를 비용으로 간주했다. 앞 장의 예 100만 달러의 자산 중 40%를 인정받았다.

NOI(60,000딜리)　가속 감가상각(400,000달러) =
－ 360,000달러의 과세금액

또는

수입 : 100,000달러

비용 : −40,000달러

NOI : 60,000달러

감가상각 : −400,000달러

과세금액 : −360,000달러

그렇다. 당신은 제대로 읽고 있다. 우리는 1년차에 이 부동산에서 36만 달러의 손실을 보게 될 것이다.

36만 달러나 잃는다고? 그건 절대 안 된다구요!

아니다. 우리는 긍정적인 현금흐름을 가지고 있었다. 하지만 정부는 올해 그 프로젝트에서 우리가 손해를 본 것으로 인정해 준다. 만약 당신이 의사나 기술자라면 무엇을 추측할 수 있을까? 이 '손실'을 가지고 개인 세금신고로 넘어갈 것이다. 개인 세금에서 이 손실을 뺌으로써 다른 소득이 세금으로부터 보호받을 수 있을 것이다!

만약 의사가 수술로 50만 달러를 번다면, 그들은 36만 달러를 탕감받을 수 있을 것이다. 세금납부 대상은 다음과 같다.

의사(DR)의 수입 : 500,000달러

부동산 투자 손실 : 360,000달러

과세소득 : 140,000달러

그렇다. 이 의사는 여전히 14만 달러에 대해서만 세금을 낼 것이다. 하지만 그가 방금 절세한 금액을 보라. 그는 감가상각이 없었다면, 약 21만 1,000달러의 세금을 내야 했다. 이제 그는 세금으로 4만 5,000달러만 내면 된다. 그는 첫 해에만 16만 6,000달러의 세금을 절약했다!!

은행을 이용했다면, 그는 이 100만 달러의 부동산을 사기 위해 자신의 돈 중 20만 달러만 썼을 것이다. 그는 첫 해에 세금 절약만으로 거의 전액을 돌려받는다! 부동산에서 나오는 현금흐름은 말할 것도 없이 말이다.

게다가 그는 자기자본의 축적, 가치상승 및 현금흐름이 동시에 발생한다. 막대한 부를 쌓고 있는 것이다! 만약 당신이 7만 달러를 벌어들인 기술자라면, 당신의 세금은 어떻게 될까?

기술자 수입 : 70,000달러
부동산 투자 손실 : 360,000달러
과세소득 : -290,000달러

당신은 세금을 내지 않아도 된다! 그 외에도 29만 달러의 손실을 감수하고 다음 년도로 이월할 수도 있다. 당신의 '손실'은 이월되어 내년 수입도 보호한다! 손실은 매년 이월되기 때문에, 당신은 가능한 한 많은 감기상가을 미리 감수함으로써 미래의 자신을 해치지 않고 있는 것이다.

아, 그렇군. 또 건물을 고칠 때마다 당신은 건물의 구성요소에 대한 감가상각 시계를 재설정하게 되어, 결과적으로 더 많은 감가 상각이 발생한다.

감가상각 가속화의 위력을 이해했는가? 우리 모두는 선량한 시민이 되어, 정부를 위해 부동산을 구입함으로써 세금을 내지 않도록 하자!

이것이 진실이라고 하기엔 너무 기분 좋게 들리는가? 아니면 불법처럼 들리는가? 탈세는 아닐지? 당장 공인회계사에게 전화를 걸어 이 모든 것을 확인해 보길 바란다.

지금 당장! 실천해 보자!

비과세 부동산 교환제도

여러분 중 일부는 이번 장의 내용을 믿지 않을지도 모른다. 우리가 당신의 부동산을 축적하는 것에 대해 이야기할 때, 이 내용은 단연 1위의 연료 공급원이 될 것이다.

내가 여기서 말하고자 하는 바는 1031 교환제도이다.

내용은 이렇다. 우리가 100만 달러에 부동산을 구입하고 10년 후에 150만 달러에 팔 때, 우리는 원래 매입 가격보다 50만 달러의 이득을 얻는다. 하지만 그 5년 동안, 우리는 우리의 수입을 보호하기 위해 엄청난 양의 감가상각도 감수했다. 그래서 우리의 기본이 단지 10만 달러에 불과하다고 가정해보자. 그래서 이 부동산을 팔면 판매 수익과 현재 기준의 차익에 대해 세금을 내야 한다. 즉 우리는 140만 달러의 이득에 대해 세금을 내야 할 것이다.

으아아아악!

좋지 않다. 게나가 이 시점에서 그것은 감가상각을 덜 매력적으로 보이게 한다. 여기서 1031 교환제도가 가동된다.

1031 교환제도는 매도 수익금을 가져가서 그 돈으로 다른 부동산을 살 수 있게 해준다. 당신이 판매 수익으로 부동산을 매입하는 한, 당신은 그 수익에 대해 어떤 세금도 낼 필요가 없다.

그렇다.

당신의 소득에 대해 세금이 부과되지 않는다. 그래서 73만 6,667달러를 추가로 벌어들인 쓰레기 프로그램을 시행한 아파트 소유자는 그 수익을 그대로 가져갈 수 있었다. 그리고 그는 세금을 내지 않음으로써 앞으로 한 발 더 나아갈 수 있었다. 그는 또한 이 소득을 방어하기 위해 감가상각 중 어떤 것도 사용할 필요가 없었다. 당신 역시 감가상각과 1031 교환제도라는 양날의 검을 가질 수 있다. 이 도구들은 당신에게 평생 동안 절세할 수 있도록 도울 수 있는 훌륭한 조합이다. 정확히 사용한다면 너무도 멋진 도구가 될 것이다.

예를 들어, 집을 10만 달러에 매입하고, 비용을 낮추는 프로그램을 사용한다고 가정해 보자. 당신은 5%(5,000달러)를 절감할 수 있을 것이다. 이 집은 수리가 필요하고 당신은 그 집을 수리하고 나서 1년 동안 살고, 1년 동안 임대한 다음, 20만 달러에 팔 수 있다고 생각한다.

당신이 20만 달러에 팔게 되면, 은행에 9만 달러의 빚을 지게 될 것이다. 따라서 20만 달러 − 9만 달러 = 11만 달러를 회수할 수 있다. 이 11만 달러 중에서 1만 달러 정도의 이득이 있는데, 이는 과세 대상이다.

째 달콤하게 들리는군! 당신은 그 돈을 가지고 도망칠 수 있지만, 10만 달러의 이득에 대해서는 세금을 내야 한다. 개인 사정에 따라 세금을 얼마나 내느냐에 따라 달라질 수 있지만, 20% 또는 2만 달러가 정도가 될 것이라고 가정해 보자.

당신은 2만 달러를 세금으로 낼 수도 있고, 또는 50만 달러가 소요되는 소규모 상업용 부동산에 그 돈을 투자할 수 있다. 1031 교환제도에 의해 상업용 부동산을 20% 할인받을 수 있다. 1031 번 교환제도에 의해 11만 달러를 가지고 있기 때문에 새로운 자산을 세금 없이 구입할 수 있기 때문에 완벽하다.

당신은 이제 그 상업용 부동산을 구입해서 현금흐름과 감가상각을 위해 활용한다. 그리고 자산을 수리하고 수입을 올리기 위해 NOI를 올려라. 그리고는 2년 후에 팔 것이고, 80만 달러의 가치가 있다고 가정해 보자. 당신이 은행에서 대출한 금액은 원래 40만 달러였으므로, 현재로선 38만 달러로 감소했다. 왜냐하면 당신의 월 상환액 때문에 감소한 것이다.

따라서 이번 판매에서 80만 달러 − 38만 달러 = 42만 달러를 벌게 된 것이다. 이제 당신은 그 돈을 가지고 도망칠 수 있을 것이다. 하지만 엄청난 세금 고지서를 맞닥뜨리게 될 것이다. 당신에게 80만 달러 − 50만 달러 = 30만 달러의 이득이 있다. 게다가 자산을 감가상각도 했으므로 과세표준이 30만 달러를 훨씬 넘을 것이다. 이렇게 되면 20%의 비율로 6만 달러 이상의 세금을 납부하는 결과를 초래할 것이다.

어떤 사람들은 이를 보고 세금공제 후, 5,000달러가 20만 달러 이상이 되었다는 사실을 깨닫고 매우 기뻐할 것이다. 그런 다음 세금 면제 후 1031 교환제도 통해 210만 달러의 부동산을 매입할 수 있다는 사실을 깨닫는 사람들도 있을 것이다. 물론 그렇게 되려면 해당 부동산의 현금흐름이 연간 5만 달러 정도가 되어야 한다.

이 책을 계속 읽는다면, 사다리의 다음 단계에서 1031 교환제도를 통해 100만 달러 이상을 벌 수 있다. 이 시점에서 당신은 500만 달러에 가까운 부동산을 매입할 수 있으며, 현금흐름은 연간 10만 달러를 초과할 수 있다. 또는 210만 달러의 부동산을 유지하고, 인플레이션이 발생하고 세입자들이 부채를 상환해 줌에 따라 큰 현금흐름을 즐길 수 있을 것이다. 이 이야기의 첫머리에 단지 5만 달러로 시작한 것을 고려한다면 나쁘지 않다.

1031 교환제도는 올바르게 사용할 경우 매우 강력하다. 물론 당신이 알고 있어야 할 몇 가지 단점도 있다. 첫 번째 단점은 부동산을 매각할 때 대체 부동산을 찾는 기간이 45일이고, 실제 매입할 수 있는 기간은 180일이라는 점이다. 당신이 어떤 부동산을 매입할 것인지 이미 염두에 두고 있었다면 이것은 어려운 일이 아니다. 하지만 세금을 피하기 위한 수단으로 사용한다면 그것은 잘못된 결정으로 이어질 수 있다.

또한, 구입하려는 부동산의 소유자가 당신이 1031 교환제도를 활용하려 한다는 사실을 안다면, 당신이 제한된 기간 안에 일을 처리해야 한다는 것이기 때문에, 협상에서 당신은 매우 취약한 입장에 놓이게 된다.

 또 다른 단점은 세 가지의 잠재적 자산만을 염두에 두어야 한다는 점이다. 만약 당신이 더 많은 부동산을 확인하고자 한다면, 그 부동산들을 모두 매입하거나 또는 세금을 내야 한다. 또 당신이 매입하는 자산의 매입가는 판매했던 자산의 판매가보다 높아야 한다. 당신은 항상 더 크고 가격이 높은 부동산을 매입해야 한다.

죽을 때까지 재금융

1031 교환제도는 마치 부의 강력한 건설자처럼 보일지 모르지만, 투자자의 도구상자에도 똑같이 강력한 도구가 하나 더 있다. 이미 들어보았을 것이다.

은행들은 우리가 해당 부동산을 매입할 때 자산의 가치가 얼마인지 기꺼이 알려줄 것이다. 은행이 보는 상업적 최대치는 일반적으로 매입가의 최대 80%를 대출 형식으로 표시한다. 우리가 처음 부동산을 매입할 때 분할되는 금액은 다음과 같다.

매입 　(100만 달러)

지분

부채 　80%

이 막대의 총 높이는 자산의 전체 가격을 나타낸다. 막대의 그 늘진 부분은 부채, 즉 은행이 우리에게 그 부동산을 매입하는데 사용하도록 제공한 대출이다. 막대의 밝은 부분은 우리가 투자해야 하는 돈, 즉 자본(지분)이라고도 불리는 것이다.

20만 달러를 자본이라 하고 80만 달러를 부채라고 한다. 당신은 현재 해당 자산에 20만 달러의 지분을 갖고 있다. 이는 부동산 비즈니스 및 개인 자산의 기본이기 때문에, 당신이 알아야 할 공식은 다음과 같다.

자산 = 부채 + 지분

위의 그림에서 은행이 우리에게 대출한 만큼의 부채를 가지고 있다. 즉 이 특정 자산에 대해 상한으로 레버리지를 이용하고 있는 것이다.

이제 이 부동산을 5년 동안 소유했는데 인플레이션으로 인해 자산 가치가 120만 달러로 증가했다고 가정해 보자. 일부는 갚았기 때문에 당신의 부채는 70만 달러로 줄어들었다. 위의 방성식

에 숫자를 대입해 보자. 재산은 곧 자산이다. 그리고 당신이 은행
에서 받은 대출은 부채이다.

자산 = 부채 + 지분

1,200,000달러 = 700,000달러 + 지분

매입 후 5년 경과

그래서 우리는 자산가치와 부채가치를 가지고 있다. 그리고 우
리는 우리의 보유한 지분가치를 알 수 있다.

1,200,000달러 − 700,000달러 = 지분

우리의 지분은 얼마인가? 그렇다. 지금 현재 50만 달러다.

1,200,000달러 − 700,000달러 = 500,000달러

매입 후 5년 경과

그렇다. 당신은 지금 50만 달러를 보유하고 있는 것이다!

여기서 무슨 일이 일어났는지 알 수 있는가? 당신은 20만 달러의 자본으로 시작했다는 점이다. 그리고 대출금을 다 갚았기 때문에 10만 달러를 확보하게 되었다. 자산 가치가 100만 달러에서 120만 달러로 올랐기 때문에, 여기서 당신은 추가로 20만 달러의 지분을 벌었다. 모두 합쳐서 20만 달러를 50만 달러로 바꾼 것이다.

은행들은 돈을 빌려주는 사업을 하고 있기 때문에, 그들은 우리에게 여분의 자본이 있는 부동산에 대한 대출도 줄 것이다. 그렇다. 은행에서 당신이 소유한 부동산에 대해 대출을 해 줄 것이다. 당신은 그들에게서 여분의 형평성을 얻기 위해 부동산을 팔 필요가 없다. 그래서 위의 상황에서 우리는 120만 달러의 가치가 있는 재산을 가지고 있다. 은행은 여전히 재산의 80%를 우리에게 줄 용의가 있다. 80% × 120만 달러 = 96만 달러. 만약 우리가 이 일을 은행에 맡긴다면, 우리는 현재 대출금을 갚아야 한다. 현재 은행과의 대출은 70만 달러이다. 우리가 어떤 결과를 얻을지 계산하기 위해, 우리는 새 대출에서 오래된 대출금을 뺄 것이다.

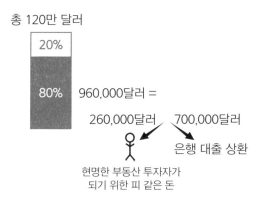

총 120만 달러

20%

80% 960,000달러 =

260,000달러   700,000달러

은행 대출 상환

현명한 부동산 투자자가
되기 위한 피 같은 돈

신규 대출 = 80% × 부동산 가치

신규 대출 = 80% × 1,200,000달러

신규 대출 = 960,000달러

피 같은 돈(우리의 돈) = 신규 대출 − 기존 대출

피 같은 돈(우리의 돈) = 960,000달러 − 700,000달러

피 같은 돈(우리의 돈) = 260,000달러

이 계산이 끝나면 26만 달러가 남는다. 이 26만 달러의 가장 좋은 점은 무엇인가? 모두 비과세라는 점이다.

이 돈에는 세금이 부과되지 않는다.

"잠깐만요!" 당신은 이렇게 문의할 것이다. "비과세라면… 그러면 그 돈을 쓰는 데에는 제한이 따른다는 뜻인가요? 1031 교환제도와 같이 다른 부동산을 매입하는 데에만 사용할 수 있나요?"

아니다! 이 돈은 당신이 원하는 대로 써도 된다. 휴가를 보내든 쇼핑을 즐기든, 아니 원하면 람보르기니를 사도 된다!

이 돈은 당신 돈이고 원하는 것은 뭐든지 할 수 있다. 이 과정을 재금융이라 한다. 구체적으로 우리가 할 수 있는 것은 현금처럼 인출할 수 있다.

자, 만약 여러분이 현명한 투자자라면, 이 돈을 더 많은 현금 유동성을 위해 부동산 매입에 사용하는 것이 가능함을 깨닫게 될 것이다. 하지만 나는 여러분에게 어떻게 살아가는 것이 옳다고 말하진 않겠다.

그 돈은 엄밀히 따지면 빚이기 때문에 세금이 면제된다. 그 돈은 언젠가 은행에 상환해야 할 것이다. 하지만 당신은 이미 이것을 알고 있고 이해하고 있다. 당신이 이 빚을 갚는 게 아니라 세입자들이 갚아 줄 것이기 때문이다.

일반적으로 당신이 재금융을 하면 대출금 상환액도 증가할 것이다. 재금융 이전의 부동산부터 살펴보자.

재금융 이전
수입 : 100,000달러
비용 : −40,000달러
NOI : 60,000달러
채무상환 : −15,000달러
현금흐름 : 45,000달러

6만 달러의 NOI가 있고 부채 상환액 1만 5,000달러가 있다. 이렇게 하면 현금흐름은 4만 5,000달러가 된다. 이제 재금융 이후에 수치가 어떻게 되는지 살펴보자.

재금융 이후
수입 : 100,000달러
비용 : −40,000달러
NOI : 60,000달러
채무상환 : −25,000딜러
현금흐름 : 35,000달러

당신의 NOI는 여전히 6만 달러이지만, 당신의 부채 상환액은 1만 5,000달러에서 2만 5,000달러로 증가했다. 이로 인해 현금흐름이 4만 5,000달러에서 3만 5,000달러로 떨어진다.

재금융을 함으로써 당신은 지금 돈을 나중에 교환하는 것이다. 당신은 지금 일시금을 받고 있으며 앞으로 지불액을 늘리는 것이다. 은행에 대한 상환액이 증가하여 월 지불액이 증가하므로 매월 현금흐름은 감소할 것이다.

대출금액 ↑ = 채무상환액 ↑

이 돈에 대해 인식할 수 있는 좋은 방법은 자신의 자산에서 얻는 선불금이라는 점이다. 그렇다면 당신의 자산이 재금융으로 인해 수익금을 지불하는 데까지는 얼마나 걸릴까? 위의 방정식에서, 우리는 연간 부채 상환액을 1만 달러(1만 5,000달러에서 2만 5,000달러로)로 늘렸고, 29만 달러를 현금으로 인출해야 했다. 따라서 자산에서 현금흐름의 형태로 이렇게 많은 현금을 절약하려면, 29만 달러 / 1만 달러 = 29년이 걸릴 것이다.

우리는 본질적으로 29년이라는 재정적 지름길을 스스로에게 부여했다. 꽤 멋지지 않은가! 나는 특히 세금이 면제될 때 이와 같은 작은 재금융을 좋아한다.

이 정보가 사실이라고 하기엔 너무 좋게 들리면, 다시 한 번 공인회계사에게 전화를 걸어 직접 확인해 보라! (위의 수치는 실제 수치가 아닌 예시일 뿐이다. 부채에 대해서는 다음 장에서 실제 수치로 살펴볼 것이다.)

이자 상각

정부와 국세청은 우리가 돈을 빌리기를 원한다. 그리고 그들은 세법에는 부동산 운용비용으로 대출 이자를 받을 수 있다고 기재되어 있다. 다음 장에서는 대출금 상환액이 얼마인지, 실제로 빚을 얼마나 갚을지, 어떻게 결정되는지 자세히 알아보겠다. 일단은 대략적인 수치를 살펴보자. 매년 은행에 2만 5,000달러의 상환액 중에서, 이자로 2만 달러를 지불하게 된다.

부채를 사용하지 않은 경우 과세 대상 금액

수입 : 100,000달러

비용 : -40,000달러

NOI : 60,000달러

감가상각 : -400,000달러

과세금액 : -360,000달러

부채를 사용한 경우 과세 대상 금액

수입 : 100,000달러

비용 : -40,000달러

NOI : 60,000달러

감가상각 : -400,000달러

이자지급 : -20,000달러

과세금액 : -380,000달러

따라서 이 자산을 소유하기 위해 부채를 사용함으로써, 우리는 재산에 대한 비용으로 지불하는 이자를 상각할 수 있는 추가 세금 혜택을 받는다. 이는 부동산을 구입할 때 부채를 사용하지 않는 것보다, 부채를 사용함으로써 얻을 수 있는 또 다른 이점이다. 이런 식으로 정부는 당신이 돈을 빌린 것에 대해 보상한다!

많은 돈을 벌고 막대한 세금 고지서를 받는다면, 보존 지역권이라는 또 다른 강력한 도구가 있다. 다만 그것은 이 책이 제공하려는 정보보다는 너무 진보된 주제이다. 만약 더 많은 정보를 원한다면 이에 관한 지식이 풍부한 전문가와 상담을 나눠보길 권한다.

부채

개요

이 섹션을 완전히 읽고 이해하면 금융 교육면에서 여러분은 다른 사람보다 훨씬 앞서 가게 될 것이다. 우리는 지불이 어떻게 결정되는지, 이자율, 부채의 종류, 부채의 함정, 그리고 대부분의 사람들이 어디서 잘못을 범하는지 설명할 것이다.

앞서 이미 언급했듯이, 은행이 당신에게 부동산을 매입할 수 있도록 돈을 빌려줄 것이다. 그 대가로 당신은 그 돈에 대한 상환을 위해, 일정 기간 동안 은행에 정해진 금액을 지불할 것이다. 물론 은행들이 공짜로 이런 일을 하는 것은 아니다. 당연히 은행은 대출 이자를 원하고 이는 은행이 이익을 내는 방법이다.

정의

잔액 : 전부 갚을 때까지 갚아나가야 할 은행에 빚진 금액

지불 : 모기지 지불 또는 부채 상환이라고도 한다. 매월 은행에 지불하는 금액

원금 : 대출 받은 금액

이자 : 지불할 때마다 이익으로써 은행을 유지할 수 있게 하는 돈

할부 상환 : 원금과 이자를 나눠서 갚는 것

포인트 : 대출에 대한 선불 수수료

풍선 : 대출 기한은 언제까지인가?

LTV : 자산 가치에 대한 대출 한도. 자산 가치의 몇 %를 은행에서 대출해 줄 것인지를 말함

대출의 작동 방식

대부분의 사람들이 빚에 관해 가지고 있는 가장 큰 오해는, 빚을 지게 되면 바로 갚는다고 생각하는 점이다. 모든 지불에는 원금에 이자가 붙는다. 대출자가 은행에 10만 달러의 빚을 지고 매달 1,000달러를 지불한다면, 매달 500달러의 이자와 500달러의 원금을 갚는 것으로 생각하기 쉽다. 여기에 한 달 후에 은행 부채는 9만 9,500달러가 될 것이라고 생각한다.

대부분의 사람들은 대출 상환을 다음과 같이 생각한다.

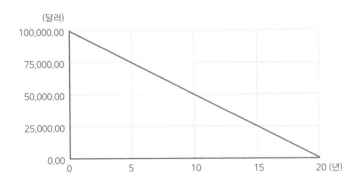

그리고는 은행 채무가 그림과 같이 일직선으로 줄어든다고 생각한다.

하지만 사실이 아니다. 진실은 어떤 두 가지의 지불도 정확히 동일하지 않다는 점이다. 알다시피, 우리는 결제를 할 때 두 가지를 다르게 해서 분할 지불할 것이다. 은행은 당신이 실제로 대출금을 갚기 시작하기 전부터 이자를 받을 것이다.

그래서 처음에는 이자금액은 크고 원금은 적게 지불한다. 1천 달러를 지불하면, 900달러는 이자가 될 수 있고, 원금은 100달러밖에 되지 않는다. 만약 당신이 10만 달러의 대출 잔액을 가지고 있다면, 첫 번째에 1,000달러를 지불하더라도 잔액은 9만 9,900달러가 될 것이다.

(단위: 달러)

지불 회차	지불액	이자	원금	잔액	잔액 감소액
0	0	0	0	100,000	
1	1,000	900	100	99,900	−100
2	1,000	899	101	99,799	−101
3	1,000	898	102	99,697	−102
4	1,000	897	103	99,594	−103
5	1,000	896	104	99,490	−104
6	1,000	895	105	99,385	−105
7	1,000	894	106	99,279	−106
8	1,000	893	107	99,172	−107
9	1,000	892	108	99,064	−108
10	1,000	891	109	98,955	−109
11	1,000	890	110	98,845	−110
12	1,000	889	111	98,734	−111

시간이 흐르면서 당신은 원금에 대해 점점 더 많은 돈을 지불하기 시작할 것이다. 그러다 은행에 10만 달러 미만의 잔액만 남게

되어 이자 부담도 줄어들게 될 것이다. 지불은 다음과 같을 수 있다. 1,000달러 지불에 이자는 899달러, 원금 101달러.

지금 당신의 잔액은 9만 9,900달러에서 9만 9,799달러가 되었다. 시간이 지남에 따라 지불해야 하는 다음과 같다. 이 도표에서 총 지급액이 어떻게 동일한지 주목해 보자. 하지만 이자와 원금의 지급액에는 차이가 있다.

(단위: 달러)

지불 회차	지불액	이자	원금	잔액	잔액 감소액
0	0	0	0	100,000	
1	1,000	900	100	99,900	−100
2	1,000	899	101	99,799	−101

총 지불액 = 이자 납입금 + 원금 납입금액

이자 지급액이 줄어들면 원금 지불액은 증가하고 총액은 그대로 유지된다.

처음 12번의 지불은 다음과 같다.

(단위: 달러)

지불 회차	지불액	이자	원금	잔액	잔액 감소액
0	0	0	0	100,000	
1	1,000	900	100	99,900	−100
2	1,000	899	101	99,799	−101
3	1,000	898	102	99,697	−102
4	1,000	897	103	99,594	−103
5	1,000	896	104	99,490	−104
6	1,000	895	105	99,385	−105
7	1,000	894	106	99,279	−106
8	1,000	893	107	99,172	−107
9	1,000	892	108	99,064	−108
10	1,000	891	109	98,955	−109
11	1,000	890	110	98,845	−110
12	1,000	889	111	98,734	−111

지불 0에서는, 아직 지불을 시작하지 않았기 때문에, 우리는 여전히 10만 달러의 채무를 갖고 있다. 아직 은행에 빚진 금액은 '잔액' 열에서 확인하면 된다. 지불 금액은 정확히 동일하지만 지불할 때마다 다른 금액의 이자와 원금을 지불하는 것을 알 수 있다. 지불 후 잔액을 산출하려면, 이전 잔액에서 이 지불의 원금 분할액을 뺀다.

처음 몇 번의 지불에서는 큰 액수의 이자를 지불하게 된다. 그 돈의 대부분은 대출 잔액을 줄이는 데 적용되지 않는다. 이것을 알기 쉽게 표현하는 또 다른 방법은, 은행 채무를 많이 줄이지 못하는 대신에, 우리가 지불하는 금액의 대부분은 은행의 이익이 된다는 점이다.

매월 지불금에서 점점 더 많은 금액이 실제로 원금을 줄이는데 사용된다. 대부분의 사람들은 이것을 어렵게 생각하므로, 이 개념이 새겨지도록 위의 도표를 잘 활용하기 바란다.

이 추세는 대출이 상환될 때까지 계속된다. 첫 번째 지불액은 1,000이다(900달러는 이자이고 100달러는 원금). 마지막 지불액도 1,000이다(5달러는 이자이고 995달러는 원금 상환인데, 매월 지불하는 이자는 원금 금액에 따라 결정된다.)

그것은 다음과 같다. 지급 이자 = (이자율/12) × 잔액.

당신의 채무에 대해 초과된 이자는 잔액 감소로 이어진다. 매달 잔액이 줄어들면 이자도 줄고, 원금 지급에 적용되는 금액도 늘어난다.

또한 대출 기간 동안의 상환액은 다음 도표처럼 될 것이다. 직선이 아니라는 점에 주목하자. 0년에서 5년 사이에 원금이 얼마나 지불되는지 살펴보자.

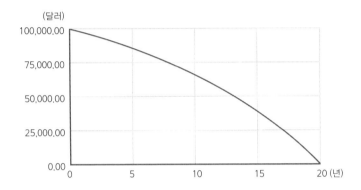

이제 이 금액을 15년에서 20년 사이 원금이 얼마나 지불되었는지 비교해 보자. 같은 기간이지만 실제로 빚은 훨씬 더 많이 갚았다. 현실에서 숫자는 고르게 반올림되지 않으며 직선으로 내려가지 않는다.

이율

이자는 은행이 대출해 준 대가로 받고자 하는 금액이다. 은행이 당신에게 10만 달러를 빌려주고, 당신에게 5%의 이율을 적용한다면, 은행은 5,000달러의 이자를 벌기를 원한다는 뜻이다. 만약 당신에게 6%의 이율이 적용된다면, 당신은 1년에 은행에 6,000달러를 지불할 것이다. 이것은 돈의 가격이다.

그리고 시중 금리가 얼마인지, 사업이 얼마나 위험한지, 신용도는 어느 정도인지 등에 따라 은행은 적정 금리를 결정한다. 시장의 금리는 은행이 이용하고자 하는 선에서 연방준비제도이사회나 국채 가격에 의해 결정된다.

또한 은행이 이용할 수 있는 여러 가지 다른 지수가 있다. 따라서 대출자는 해당 은행의 금리가 어떤 지수에 연동되어 있는지 꼭 물어보아야 한다.

만약 당신의 프로젝트가 중국에서 금을 채굴하는 것이라면, 이는 위험한 모험으로 여겨질 것이고 높은 이율을 필요로 할 것이다. 만약 당신의 프로젝트가 미국에서 가장 빠르게 성장하는 도시에서 좋은 실적을 내는 아파트를 매입하는 것이라면, 낮은 이율을 적용받을 수 있을 것이다.

또한 이율은 대출금을 갚기로 정한 기간에 따라서도 영향을 받는다. 대출을 갚는데 오랜 기간이 걸리도록 정한다면, 은행은 더 높은 이율을 원할 것이다. 반면 더 짧은 시간 안에 상환하는 방법을 선택하면, 더 낮은 이율을 적용받을 수 있다. 그리고 대출 상환을 하는 이 기간을 상각이라고 한다.

상각

이것은 대출을 상환하는 데 걸리는 시간을 말한다. 여기서 연간 단위의 상각율을 제시할 것이다. 프로젝트에 따라 10년에서 35년까지 다양하다. 동일한 금액인 10만 달러를 대출하다고 해도, 상각율에 따라 월별 상환액은 크게 달라질 수 있다.

대출을 10년 기간 안에 갚아야 한다면, 35년 동안 갚아야 하는 것보다 훨씬 더 많은 금액을 지불해야 한다. 5%의 이자에 10년 분할 상환금은 월 1,060달러이다. 동일한 이자율로 35년 동안 상환할 때 매월 지불할 금액은 504달러이다. 같은 금액을 빌렸는데도 갚는 금액이 반토막 난 것이다!

부채 상각 기간은 현금흐름에 직접적인 영향을 미친다.

(단위: 달러)

10년 상각 시 현금흐름		35년 상각 시 현금흐름	
수입	2,000	수입	2,000
비용	500	비용	500
NOI	1,500	NOI	1,500
부채	1,060	부채	504
현금흐름	440	현금흐름	996

동일한 부동산이라도 이를 매입하기 위해 어떤 종류의 부채를 사용하느냐에 따라 다른 현금흐름이 달라질 수 있다. 이것은 상각을 이해함에 있어 매우 중요한 열쇠다. 상각은 종종 다른 비율로 이뤄지기 때문에, 실제로 대출을 받기 전에 부채가 어떻게 작용하는지 잘 이해하는 것이 중요하다.

풍선

생일 파티 같은데서 보는 풍선에 대해 말하는 것이 아니다. 하지만 시각적인 표현을 위해 하나를 사용해 보자.

최대 100% 용량까지 부풀려진 풍선이 있다고 치자. 당신의 목표는 풍선에서 모든 공기를 완전히 비우는 것이다. 그리고 당신은 아주 천천히 공기를 내보내는 것부터 시작한다. 1분 후에 당신은 3%의 공기를 내보냈다. 풍선의 용량은 97%다. 1분 더 하고 5% 더 바람을 더 뺀다. 현재 92%의 용량을 보유하고 있다. 이 작업을 빠른 속도로 진행하면 10분이 경과한 뒤 0%가 된다.

이것이 10년 만기 대출이 작동하는 방식이다. 1분 1초가 1년과 같으며, 배출되는 공기의 양은 잔액을 향해 지불하는 금액이다. 매 분마다 풍선 속의 공기가 따 빠질 때까지 전보다 더 많은 공기를 내보낸다. 0%에 도달하면 빚은 더 이상 없다.

이제 참을성 없는 동생을 소개하려고 한다. 쟈니라고 부르자. 쟈니는 당신이 이렇게 하는 것을 보고 있지만, 3분 후에 그는 참을성이 없어서 바늘로 풍선을 터뜨려 공기를 한 번에 빼내버린다.

쟈니는 은행이다. 은행은 돈을 돌려받기 위해 전체 상환 기간을 기다릴 수가 없다. 공기가 빠져나가 0%가 될 때까지 10분을 기다릴 수 있지만, 은행은 풍선에 공기가 70% 남아 있을 때 모든 공기를 빼내야 한다고 독촉한다.

우리가 처음 대출을 받을 때, 은행은 대출금이 어떤 상각 방식으로 상환될 것인지, 그리고 실제로 그 돈이 언제 상환될 것인지를 알려줄 것이다. 은행이 5%의 이율로 10만 달러를 대출한 뒤, 5년 만에 금리가 9%로 올랐다고 치자. 고정금리 대출이 아니라면 은행은 이자를 9%로 올릴 것이다. 따라서 이 경우는 고정금리가 유리하다. 왜냐하면 우리가 지불할 금액을 알 수 있기 때문이다. 반면 은행은 더 높은 이자를 받을 기회를 잃게 될 것이다.

이러한 위험을 방지하기 위해, 은행들은 모든 대출금이 현재 만기가 되었다고 말하는 이 '풍선' 방식을 실행한다. 이제 정말로 모든 돈을 마련해야 할까? 대부분의 경우, 이는 은행이 당신의 이자율을 당시 상태로 재설정하기 위해 시행하는 절차일 뿐이다. 은행은 당신이 지불해야 할 금액과 정확히 같은 금액으로 당신에게 새로 대출을 해줄 것이다.

이것은 정확히 2008년에 일어났던 일이다. 투자자들은 2009년에 만기가 될 부채 풍선을 가지고 있었다. 하지만 2009년에는 은행들이 돈을 빌려주지 않았고, 심지어 잘 나가는 부동산에도 돈을 빌려주지 않았다. 빌려줄 돈이 없었기 때문이다. 이들 사업은 대출 후 12~24개월 후에 풍선이 있는 개발사업이었다.

당신이 하는 모든 부동산 투자의 주요 열쇠는 장기 채무를 얻는 것이다. 이는 매우 멀리 떨어진 곳에 있는 풍선 방식의 지불을 의미한다. 많은 은행들이 3년 만기의 풍선을 요구할 것이다. 은행은 금리 위험을 줄이고, 우리가 새로운 대출을 받을 때마다 수수료를 받기 때문에 짧은 풍선을 원한다.

투자자로서 우리는 매우 멀리 떨어져 있는 풍선을 원한다. 은행과 협상이 가능하고, 풍선 결제도 가능한 오늘로부터 최대한 멀리 정해 놓아야 유리하다. 이율이 조금 더 높을 수도 있지만, 풍선을 멀리 두는 것은 미래의 위험을 줄일 수 있는 좋은 방법이다.

매우 먼 미래에 지불 풍선을 둠으로써, 문제가 발생할 경우 자신에게 여러 선택지를 제공할 수 있다. 문제가 발생하더라도 세입자가 임대료를 계속 지불하고 있고, 부채가 만기되지 않는 한 당신은 문제가 없을 것이다. 세입자가 계속 지불한다면 비용을 충당하고 대출금을 상환하면서도, 당신의 주머니에 현금이 들어올 것이다.

당신이 잘못하지 않는다면 자산은 잘 운영될 수 있음을 인식하라. 하지만 만약 만기가 돌아왔는데 은행에서 대출을 해주지 않아 비용을 지불할 수 없다면, 현재보다 훨씬 낮은 가격에 자산을 팔거나 은행에 압류 당할 수도 있다. 그렇기 때문에 현금흐름이 안정적인 자산을 매입하고, 장기로 대출을 받는 것이 매우 중요하다.

이를 위해 당신은 풍선 기간을 더 뒤로 미루기 위해, 지금 약간 더 높은 이자를 지불할 의향이 있다고 말할 수 있다. 총 지불액은 약간 높아질 수 있지만 위험을 크게 줄일 수 있다. 이것이 바로 투자다.

또한 흔한 방법은 아니지만 만기가 없는 대출도 있다. 이 방식은 대출 만기가 절대 도래하지 않을 것이며, 당신의 유일한 의무는 전액을 상각할 때까지 매달 갚아나가는 것뿐이다. 이를 완전 상각 대출이라 한다.

대출 유형

당신이 알아야 할 몇 가지 유형의 대출이 있다.

첫 번째는 앞에서 설명한 것처럼 전통적인 대출이다. 이것은 가장 흔하고 대부분의 사람들이 다뤄봤을 것이다.

다음 대출은 이자만 지불하는 유형이다. 정확히 이 대출금에서는 이자만 지불한다. 만약 5%의 이자를 지불하고 10만 달러를 빌린다면 1년에 정확히 5,000달러, 즉 한 달에 416달러를 지불하게 될 것이다. 이 대출의 기한이 도래하면 그때, 원금 10만 달러를 일시에 갚는다.

그래서 만약 우리가 위와 같이 10만 달러를 5년 동안 빌린다면, 매달 416달러를 지불할 것이고, 60개월 후에 10만 달러 전부를 갚아야 한다. 이러한 대출은 흔하지 않고 승인을 받기 더 어렵다. 원금을 갚아나가지 않기 때문에 현금흐름을 늘린다는 장점이 있다. 문제는 시간이 지나도 자본증식에 큰 도움이 되지 못한다는 점이다.

다음 유형은 변동금리 대출이다. 들리는 것처럼 시장의 금리가 변함에 따라 금리가 변하는 대출이다. 요즘은 특정 유형의 지수와 연동되어 분기마다 미리 설정된 조건으로 이율이 변경된다.

따라서 당신의 대출 금리가 연준의 기금 금리에 연동되어 있고, 연준 기금 금리 + 2%로 설정되어 있다면, 당신의 금리는 이율을 2% 더하여 변동하게 될 것이다. 마찬가지로 만약 기금의 금리가 내려가면, 당신의 금리는 새로운 대출을 받을 필요 없이 하향 조정될 것이다.

또한 시장 금리가 오를 때도 더 높은 금리를 적용하기 때문에 이러한 유형의 대출은 미래에 당신의 지불액이 얼마가 될지 불확실성을 갖는다.

어떤 대출이 있는지 살펴보았으니 부동산 투자의 위험 요소들이 어디에 있는지 알 수 있을 것이다.

부동산에서 성공이란, 부동산의 현금흐름, 부동산 가치, 그리고 자금 조달 방법의 조합이다. 가치를 높일 수 있다는 걸 알면서도 재원을 제대로 마련하지 않으면 효과가 떨어질 것이다.

포인트

포인트는 은행에 선불 수수료로 지불하는 것을 말한다. 만약 당신이 10만 달러를 빌리고, 수수료가 1포인트라면, 당신은 이 대출을 받기 위해 1,000달러를 선불로 지불해야 한다. 1.5포인트라면 1,500달러이다.

이것은 대출 수수료 또는 은행 수수료라고도 한다. 은행이 돈을 버는 하나의 방법일 뿐이며, 은행에서 당신의 대출을 담당하는 사람에게 보너스나 수당으로 사용될 것이다.

이 수수료에 대해서는 협상을 할 수 있지만, 내가 중개인에 대해 말했던 것을 떠올려 보자. 만약 그들의 수수료를 깎으려 한다면 당신을 위해 얼마나 최고의 거래를 보장할 것인가?

만약 당신이 그것들을 쥐어짠다면 다음 부동산 대출을 요청할 때, 아마도 그들은 당신의 전화 받기를 꺼려할지도 모른다. 모두가 이기면 모두가 이긴다! 그러니 월급날 돈을 버는 데 도움이 된다면 다른 사람의 몫을 깎으려 하지 말자.

LTV

레버리지라고도 불리는 부채는 투자자로서 당신의 부동산 수익을 폭발시킬 수 있다. LTV(Loan to Value)는 부동산 투자에 있어 매입, 재금융, 최적화에 큰 도움이 되기 때문에 잘 알고 있는 것이 좋다.

$$LTV = \frac{대출\ 금액}{자산가치}$$

상업 투자의 일반적인 규칙은 80%까지 LTV를 적용받을 수 있다. 만약 우리가 100만 달러 상당의 부동산을 매입한다면, 은행은 80만 달러를 빌려줄 것이다. 만약 당신이 200만 달러짜리 부동산을 매입한다면 은행은 당신에게 160만 달러를 빌려줄 것이다. 우리는 그 부동산을 매입하기 위해 나머지 돈을 마련하면 된다.

사실 LTV에 관한 한 은행은 모래 위에 선을 그려놓은 것이나 같다. 왜 그럴까? 은행들은 자금을 빌려주는 사업을 하고 있기 때문이다. 은행은 돈을 빌려주는 것을 좋아하지만, 부동산을 관리하고 소유하는 것을 좋아하지 않는다. 만약 은행이 부동산을 매각해야 한다면, 소유하고 운영하는 일로부터 은행을 보호하기 위해, 그리고 모든 돈을 돌려받을 수 있도록 안전장치를 만들어둔다.

만약 당신이 80%의 LTV 대출로 100만 달러의 부동산을 매입한다면 당신은 실패할 것이다. 은행은 저당 잡은 부동산에 대해 가능한 한 빨리 처분하기를 원할 것이다. 은행은 이 프로젝트에서 최대한의 수익을 내는 것에 관심이 없고, 단지 자신들의 대출 자금을 무사히 돌려받기만을 원할 뿐이다. 해당 부동산을 팔아서 수익이 난다 해도 은행 수익을 나눠가지는 것은 아니다. 그래서 은행은 해당 부동산을 가장 먼저 보러 온 사람에게 팔아 치워 당장 80만 달러를 회수하려 할 것이다. 투자자 입장에서는 해당 부동산이 100만 달러의 가치가 있기 때문에 신속히 거래를 마치려 할 것이다. 또한 은행은 80만 달러만 돌려받아 그 돈을 다시금 원하는 사람에게 돈을 빌려줄 수 있다.

은행은 최악의 경우에도 대출금을 전액 회수할 수 있도록 여러 가지 안전장치를 만들어놓는다. 그래서 그들은 당신이 해당 부동산을 다루고 있는지 주의를 기울이며, 때로는 자신들도 거기에 참여하길 원한다. 하지만 투자가 잘못되었을 때, 은행 돈을 잃을 뿐만 아니라 투자자 역시 손실을 입는다는 사실을 은행들도 잘 알아야 한다.

중요한 건 바로 그거다.

이것이 부채가 어떻게 작용하고 그것이 부동산 투자자에게 어떤 이득을 줄 수 있는지를 간단히 정리해 보았다. 이 장을 여러 번 읽고 기억해 둬야 한다.

부채에 관한 모든 것을 배우고 알아두고, 그것이 자산가치 상승에 어떻게 기여하는지 알고 있어야 한다. 이 책 앞부분에서 언급했듯이 부채는 전기톱과 같은 유용한 도구이다. 전기톱을 다루는 법을 안다면, 나무를 자르는데 매우 효과적으로 대처할 수 있다. 하지만 조심해서 다루지 않으면 상황이 더 나빠질 수 있다.

부동산에
투자해 보자

자산 분석

이번 장은 첫 투자를 시작하기 전에 반드시 알고 있어야 할 실사자료에 관한 설명하려고 한다. 실사자료란 분석하는 것을 의미한다. 즉 수치를 자세히 살펴보기 위한 멋진 금융 용어이다.

자산을 인수할 때 우리는 '실사자료'를 작성할 것이다. 실사자료를 작성하는 목적은 일정기간 동안의 수입과 비용, NOI, 부채상환, 현금흐름 및 전반적인 투자 성과를 예측 분석하는 것이다.

실사자료를 살펴봄으로써, 우리는 부동산에서 우리의 현금흐름이 어떻게 될 것인지, 앞으로 부동산의 가치가 어떻게 변화할 것인지, 예상되는 수익은 얼마나 될지 정확히 예측할 수 있어야 한다.

앞 장에서는 여러분에게 매우 기본적인 실사자료에 대해 설명했다. 바로 이런 식이다:

수입
– 비용
= NOI
– 부채
= 현금흐름

이것은 자산을 신속하게 분석하는 좋은 방법이다. 하지만 실제로는 너무 단순하다. 이런 형식은 단일 연도라는 한정된 기간에 대해서만 손익을 분석할 수 있다는 단점이 있다.

부동산에서는 우리가 알아야 할 두 가지 지표가 있다. 첫 번째는 손익계산서, 두 번째는 재무상태표가 그것이다. 이 두 가지의 지표는 당신의 개인적인 금융 생활에서도 중요하지만, 부동산에 있어서도 매우 중요하다. 손익계산서에는 소득과 비용을 표시하는데, 여기서 우리의 NOI와 현금흐름을 파악할 수 있다. 재무상태표는 부동산의 가치가 얼마나 되는지, 그리고 해당 부동산에 대한 부채가 얼마나 되는지 확인할 수 있다.

이 두 가지의 수치로부터 부동산의 현황을 파악할 수 있을 것이다. 또한 재무상태표에는 부동산에 대해 예상치 못한 비용을 지불할 수 있도록 현금이 준비되어 있는지, 또는 필요할 경우 수리비를 지불할 수 있도록 적립금이 준비되어 있는지의 여부도 표시된다.

재무상태표에는 손익계산서와 재무상태표의 요소가 모두 포함되지만, 이들 항목에 대한 전체 보고서를 재무제표에 사용하지는 않는다.

그런데 실사자료의 전체 윤곽은 위의 지표보다 더 많은 내용을 담고 있어야 한다. 실사자료는 다음과 같아야 한다.

손익계산서
수입

− 비용

= NOI

− 부채

= 현금흐름

재무상태표
자산 가치

− 부채 잔액

= 자본

그렇다면 실사자료를 분석할 때, 우리가 들여다보는 수치에 해당 부동산의 지분을 어떻게 추가했는지 알 수 있겠는가? 이를 통해 투자의 성과를 보다 전체적으로 파악할 수 있게 된다. 이는 또한 우리가 아직 은행 계좌에 입금하지 않은 돈을 얼마나 벌었는지도 보여준다. 수익을 얻기 위해서는 자산을 매각 또는 매입하고 재금융을 하는 등의 약간의 노력이 필요하다.

우리는 여전히 단 한 시점만을 고려하고 있지만, 자산을 1년 이상을 보유할 것이라는 사실을 잘 알고 있다. 당신은 평생 동안 부동산을 보유할 수 있다! 부동산을 바라보는 기준은 최소 5년이다.

지표는 어떻게 생겼는지 아래에 간단히 표시해 두었다.

(단위: 달러)

년	1	2	3	4	5
수입					
비용					
NOI					
부채					
현금흐름					
자산가치					
부채 잔액					
지분					

예를 들어 우리가 연간 10만 달러의 수입이 있는 부동산을 매입한다고 가정해보자. 여기에는 연간 4만 달러의 경비가 소요된다.

(단위: 달러)

년	1	2	3	4	5
수입	100,000.00				
비용	−40,000.00				
NOI					
부채					
현금흐름					
자산가치					
부채 잔액					
지분					

그렇다면 NOI는 어떻게 될까?

년	1	2	3	4	5
수입	100,000.00				
비용	-40,000.00				
NOI	60,000.00				
부채					
현금흐름					
자산가치					
부채 잔액					
지분					

맞다. 6만 달러다. 이제 우리는 NOI를 갖게 되었으니, 그 가치가 무엇인지도 알 수 있을 것이다. 당신이 이 부동산을 자본 환원율 6%에 매입했다고 가정해 보자. 당신은 얼마를 지불했는가?

년	1	2	3	4	5
수입	100,000.00				
비용	-40,000.00				
NOI	60,000.00				
부채					
현금흐름					
자산가치	1,000,000.00				
부채 잔액					
지분					

자산 가치는 100만 달러이다.

자산의 평가와 더불어 자산의 현금흐름 요소가 어떻게 결합되어 있는지 알 수 있는가? 이것이 바로 견적이 말하고자 하는 모든 것이다. 즉, 현금흐름과 자산 가치를 동시에 살펴보는 것이다.

그리고 우리가 정말로 알고 싶은 것은 지분(자본)이다. 왜냐하면 투자자로서 부동산 자체의 가치보다 우리가 보유한 자산이 더 중요하기 때문이다. 자, 이제 이 100만 달러의 매입에 80%의 LTV를 사용했다고 가정해 보자. 당신의 부채 잔액은 얼마인가?

(단위: 달러)

년	1	2	3	4	5
수입	100,000.00				
비용	-40,000.00				
NOI	60,000.00				
부채					
현금흐름					
자산가치	1,000,000.00				
부채 잔액	-800,000.00				
지분					

부채는 80만 달러이다. 당신은 은행에서 80만 달러를 빌리고 나머지는 자신이 보유한 현금을 넣어야 했다. 그러면 이 부동산에서 당신의 지분은 얼마인가?

(단위: 달러)

년	1	2	3	4	5
수입	100,000.00				
비용	-40,000.00				
NOI	60,000.00				
부채					
현금흐름					
자산가치	1,000,000.00				
부채 잔액	-800,000.00				
지분	200,000.00				

20만 달러다! 매입 가격의 딱 20%이다. 이해가 되는가? 이제 당신은 현금흐름이 어떻게 될지 알고 싶을 것이다.

그래서 부채를 계산해야 한다. 30년 만기 상각대출을 5% 이율로 받는다고 가정해 보자. 이에 대한 지불은 연간 5만 2,041달러가 될 것이다. 이는 이 책의 부채 부분에서 제공한 내용을 토대로 이를 계산했다. 엑셀이나 구글시트를 활용할 수 있는 경우 공식은 'PMT(0.05,30,-800000)이다.

(단위: 달러)

년	1	2	3	4	5
수입	100,000.00				
비용	-40,000.00				
NOI	60,000.00				
부채	-52,041.15				
현금흐름					
자산가치	1,000,000.00				
부채 잔액	-800,000.00				
지분	200,000.00				

이제 우리는 현금흐름을 파악하기 NOI에서 부채를 뺄 것이다.

(단위: 달러)

년	1	2	3	4	5
수입	100,000.00				
비용	-40,000.00				
NOI	60,000.00				
부채	-52,041.15				
현금흐름	7,958.85				
자산가치	1,000,000.00				
부채 잔액	-800,000.00				
지분	200,000.00				

따라서 지출과 부채를 제외하고 나면 연간 7,958.85달러의 현금흐름이 발생할 것이다.

놀랍지 않은가!

이제 막 1년차 견적을 마무리했다! 당신은 첫 해의 투자에 대해 아주 쉽게 위와 같은 수치를 얻게 될 것이다. 이제 1년차를 마무리했으니 2년차, 3년차 부동산에서 기대할 수 있는 것으로 넘어가야 한다. 그리고 이것은 좀 더 많은 생각을 필요로 한다.

이 투자는 개선할 필요가 없는 10세대 아파트 단지이고, 임대료는 월 833달러라고 가정해 보자. 우리는 이 부동산을 매입할 것이고, 인플레이션의 파동을 타게 될 것이다. 2년차에 당신의 견적이 어떻게 되는지 살펴보자.

첫째, 당신의 수입은 인플레이션의 비율만큼 2% 증가할 것이다. 이는 수입이 10만 달러에서 10만 2,000달러로 늘어난다는 것을 의미한다.

견적을 살펴보자.

(단위: 달러)

년	1	2	3	4	5
수입	100,000.00	102,000.00			
비용	−40,000.00				
NOI	60,000.00				
부채	−52,041.15				
현금흐름	7,958.85				
자산가치	1,000,000.00				
부채 잔액	−800,000.00				
지분	200,000.00				

동시에 경비도 2% 증가할 것이다. 전부 해서 4만 달러 × 1.02 달러다.

(단위: 달러)

년	1	2	3	4	5
수입	100,000.00	102,000.00			
비용	-40,000.00	-40,800.00			
NOI	60,000.00				
부채	-52,041.15				
현금흐름	7,958.85				
자산가치	1,000,000.00				
부채 잔액	-800,000.00				
지분	200,000.00				

이제 수입과 지출이 있으니 2년차 NOI를 산출할 수 있을 것이다.

(단위: 달러)

년	1	2	3	4	5
수입	100,000.00	102,000.00			
비용	-40,000.00	-40,800.00			
NOI	60,000.00	61,200.00			
부채	-52,041.15				
현금흐름	7,958.85				
자산가치	1,000,000.00				
부채 잔액	-800,000.00				
지분	200,000.00				

위를 보자! 수입과 지출이 모두 2% 증가했음에도 불구하고 여전히 NOI는 증가세가 지속되었다. 이것은 우리가 부동산 투자에서 돈을 벌 수 있다는 강력한 개념이다. 수입과 지출이 같은 비율

로 늘었는데도, 수입의 규모가 지출 규모보다 많았기 때문에 결과적으로 NOI가 더 커진 것이다.

이제 현금흐름으로 연결하기 전에 잠시 부동산 가치로 넘어가 보겠다. 2년차 NOI를 통해 6%의 자본금(지분)에서 부동산 가치가 어떻게 되었는지 알아보자. 이를 위해선 6만 1,200달러를 6%로 나눈다.

(단위: 달러)

년	1	2	3	4	5
수입	100,000.00	102,000.00			
비용	−40,000.00	−40,800.00			
NOI	60,000.00	61,200.00			
부채	−52,041.15				
현금흐름	7,958.85				
자산가치	1,000,000.00	1,020,000.00			
부채 잔액	−800,000.00				
지분	200,000.00				

우와! 인플레로 인해 당신의 자산 가치는 2만 달러나 상승했다. 지표에서 현금흐름과 자산가치 모두에 대해 전체적인 윤곽을 그리고 두 가지가 어떻게 상호 연결되어 있는지 보이는가?

이제, 부채와 현금흐름으로 다시 돌아가 보자. 우리의 부채 상환은 변하지 않을 것이고, 따라서 5만 2,041.15달러로 그대로 유지될 것이다. 그렇다면 2년차에 당신의 현금흐름은 어떻게 될까?

년	1	2	3	4	5
수입	100,000.00	102,000.00			
비용	-40,000.00	-40,800.00			
NOI	60,000.00	61,200.00			
부채	-52,041.15	-52,041.15			
현금흐름	7,958.85	9,158.85			
자산가치	1,000,000.00	1,020,000.00			
부채 잔액	-800,000.00				
지분	200,000.00				

2년차의 예상 현금흐름은 9,158.85달러이다. 비록 인플레이션이 2%밖에 증가하지 않았음에도 불구하고, 첫 해보다 15% 증가한 것이다.

그렇다면 이것이 당신이 돈을 버는 유일한 방법일까? 아니다. 전혀 아니다. 당신은 또한 부채를 갚아나갔다. 지금 당신이 알고 있는 것처럼, 첫 해는 대출의 작동방식 때문에 가장 적은 상환이 이뤄졌을 것이다. 앞서 언급한 그래프를 바탕으로 계산해 보기로 하자.

년	1	2	3	4	5
수입	100,000.00	102,000.00			
비용	-40,000.00	-40,800.00			
NOI	60,000.00	61,200.00			
부채	-52,041.15	-52,041.15			
현금흐름	7,958.85	9,158.85			
자산가치	1,000,000.00	1,020,000.00			
부채 잔액	-800,000.00	-787,958.85			
지분	200,000.00				

올해가 사상 최저의 해임에도 불구하고, 당신은 여전히 대출 잔액이 1만 2,041.15달러 줄어들었음을 알 수 있을 것이다. 2차년도 말에 부동산에서 당신의 지분은 얼마일까? 당신이 해야 할 일은 부동산 가치를 가져다 부채 잔액을 빼는 것뿐이다.

(단위: 달러)

년	1	2	3	4	5
수입	100,000.00	102,000.00			
비용	-40,000.00	-40,800.00			
NOI	60,000.00	61,200.00			
부채	-52,041.15	-52,041.15			
현금흐름	7,958.85	9,158.85			
자산가치	1,000,000.00	1,020,000.00			
부채 잔액	-800,000.00	-787,958.85			
지분	200,000.00	232,041.15			

이 부동산에 대한 당신의 새로운 지분은 23만 2,041.15달러로 증가했다. 당신은 이것을 이해할 수 있는가?

1년차부터 2년차까지 당신은 인플레와 부채상환을 통한 평가절상으로 인해 3만 2,000달러 이상의 지분을 벌었다. 게다가 당신은 약 1만 달러의 현금까지 벌어들였다!

이것이 견적의 기본이다.

이제 당신이 해야 할 일은 5년 동안, 이와 동일한 일을 하는 것이다. 전체 5년에 대한 윤곽은 아래를 참조하자. 이 부분에서 내가 한 일은 수입과 비용을 매년 1.02배로 늘리고 그 방법을 보여준 엑셀 그래프로 부채상환을 줄이는 것이었다.

년	1	2	3	4	5
수입	100,000.00	102,000.00	104,040.00	106,120.80	108,243.22
비용	−40,000.00	−40,800.00	−41,616.00	−42,448.32	−43,297.29
NOI	60,000.00	61,200.00	62,424.00	63,672.48	64,945.93
부채	−52,041.15	−52,041.15	−52,041.15	−52,041.15	−52,041.15
현금흐름	7,958.85	9,158.85	10,382.85	11,631.33	12,904.78
자산가치	1,000,000.00	1,020,000.00	1,040,400.0	1,061,208.00	1,082,432.16
부채 잔액	−800,000.00	−787,958.85	−775,315.65	−762,040.28	−748,101.15
지분	200,000.00	232,041.15	265,084.35	299,167.72	334,331.01

이 투자를 시작했을 때, 당신의 수입은 10만 달러였다. NOI는 6만 달러였고, 현금흐름은 8,000달러 미만이었고, 부동산 가치는 100만 달러였고 자본(지분)은 20만 달러였다.

5년 말에 이 모든 수치가 증가했고, 연간 현금흐름은 1만 3,000달러에 가깝고, 부동산 가치는 108만 달러가 넘으며, 자본은 20만 달러에서 33만 4,000달러로 증가했다.

만약 당신이 5년차에 이 부동산을 팔았더라면, 총 5만 2,000달러의 현금흐름을 얻었을 것이고, 13만 4,000달러의 추가적인 자본 증가를 경험했을 것이다. 이러니 부동산 투자를 머뭇거리며 기다릴 것인가, 아니면 부동산에 투자하고 기다릴 것인가?

이 5년의 지표를 살펴보는 것을 실사자료라고 하는데, 이 구체적인 분석은 하나의 형식이다.

가치를 추가하는 투자

이제 당신은 실사자료를 어떻게 활용하는지 알게 되었다. 그러므로 다양한 선택지를 분석할 수 있게 되었다. 예를 들어 현재 임대료가 833달러인 부동산에 대해, 투자를 분석하면서 1,000달러는 되어야 한다고 생각했을 것이다.

그렇다면 위의 투자는 어떻게 분석해야 할까? 우선 당신은 이 실사자료에서 진정으로 변화시켜야 할 요소는 소득 라인이라는 점을 깨달았을 것이다. 즉 12개월 동안 매달 1,000달러에 10세대의 아파트를 보유한다면, 수입은 10세대 × 1,000달러 × 12개월 = 연간 12만 달러가 된다. 임대료를 올리려면 시간이 좀 걸린다는 점을 감안해서, 수입 변경은 2년차까지 발생하지 않는다고 가정해 보자.

년	1	2	3	4	5
수입	100,000.00				
비용	-40,000.00				
NOI	60,000.00				
부채	-52,041.15				
현금흐름	7,958.85				
자산가치	1,000,000.00				
부채 잔액	-800,000.00				
지분	200,000.00				

　　같은 방식으로 부동산에 자금을 댈 것이고 따라서 1년은 정확히 똑같다. 우리의 수입, 비용, 부채, 현금흐름, 그리고 가치는 모두 똑같다. 하지만 이제 2년차가 되면서 수입을 12만 달러로 올린다고 가정해 보자.

년	1	2	3	4	5
수입	100,000.00	120,000.00			
비용	-40,000.00	-40,800.00			
NOI	60,000.00				
부채	-52,041.15				
현금흐름	7,958.85				
자산가치	1,000,000.00				
부채 잔액	-800,000.00				
지분	200,000.00				

　　수입은 증가하지만, 비용은 여전히 인플레이션 비율만큼만 증가할 것이다. 이제 임대료를 인상한 후 새로운 NOI를 살펴보자.

년	1	2	3	4	5
수입	100,000.00	120,000.00			
비용	−40,000.00	−40,800.00			
NOI	60,000.00	79,200.00			
부채	−52,041.15				
현금흐름	7,958.85				
자산가치	1,000,000.00				
부채 잔액	−800,000.00				
지분	200,000.00				

NOI가 급증했으므로 새로운 현금흐름을 살펴보자.

년	1	2	3	4	5
수입	100,000.00	120,000.00			
비용	−40,000.00	−40,800.00			
NOI	60,000.00	79,200.00			
부채	−52,041.15	−52,041.15			
현금흐름	7,958.85	27,158.85			
자산가치	1,000,000.00				
부채 잔액	−800,000.00				
지분	200,000.00				

임대료 인상에 따른 추가금액은 모두 NOI로 흘러가지만, 채무 상환을 하지 않았기 때문에 곧바로 현금흐름에 반영된다. 이건 당신이 보관해야 할 돈이다!

년	1	2	3	4	5
수입	100,000.00	120,000.00			
비용	-40,000.00	-40,800.00			
NOI	60,000.00	79,200.00			
부채	-52,041.15	-52,041.15			
현금흐름	7,958.85	27,158.85			
자산가치	1,000,000.00	1,320,000.00			
부채 잔액	-800,000.00	-787,958.85			
지분	200,000.00	532,041.15			

NOI가 올라갔기 때문에 새로운 자산가치도 살펴보도록 하자. NOI가 변경되었어도 6%의 환원율을 계속 사용할 예정이라 환원율을 그대로 유지된다.

임대료 인상 후 부동산의 새로운 가치는 132만 달러가 되었다! 그리고 부채 상환이 끝나면 50만 달러 이상의 지분으로 전환될 것이다.

이런 종류의 투자를 자산 가치가 상승하는 투자라고 한다. 이러한 투자를 분석하기 위해 실사자료를 작성하고 활용하는 이유는, 부동산 가치가 상승하면 어떤 결과를 가져오는지 이해하기 위함이다.

이렇게 가치 상승 투자를 의도한다면, 이전 소유자보다 자산을 더 잘 운용할 수 있고 NOI가 높기 때문에 자산의 전체 가치를 높일 수 있다.

2년차에 많은 가치 상승이 이뤄졌지만, 인플레이션과 부채 상환의 혜택을 계속 받게 될 것이다. 인플레이션에 대한 수입과 비용을 1.02배로 계속 늘려 가면, 5년 후 당신이 어디에 위치할지 살펴보자.

(단위: 달러)

년	1	2	3	4	5
수입	100,000.00	120,000.00	122,400.00	124,848.00	127,344.96
비용	−40,000.00	−40,800.00	−41,616.00	−42,448.32	−43,297.29
NOI	60,000.00	79,200.00	80,784.00	82,399.68	84,047.67
부채	−52,041.15	−52,041.15	−52,041.15	−52,041.15	−52,041.15
현금흐름	7,958.85	27,158.85	28,742.85	30,358.53	32,006.53
자산가치	1,000,000.00	1,320,000.00	1,346,400.00	1,373,328.00	1,400,794.56
부채 잔액	−800,000.00	−787,958.85	−775,315.65	−762,040.28	−748,101.15
지분	200,000.00	532,041.15	571,084.35	611,287.72	652,693.41

실제로 할 수 있는 이 사례와 같이, 당신은 20만 달러를 투자하여 65만 달러 이상으로 자본을 늘렸다! 현금흐름이나 세금 혜택은 포함되지 않는다! 한 가지 주의할 점은 자본 금액은 당신이 매년 얻는 이득이 아니라는 점이다.

만약 해당 년도에 부동산을 매각한다면 당신이 받을 수 있는 액수는 얼마일까? 2년차에 매각하면 53만 2,041달러의 지분을 받을 수 있고, 5년차에 매각한다면 65만 2,693달러의 지분을 받게 될 것이다. 알겠는가?

요약

1. 우리는 20만 달러를 부동산에 투자했다.

2. 임대료를 월 833달러에서 1,000달러로 올렸다.

3. 이로 인해 수입은 연간 10만 달러에서 12만 달러로 늘었다.

4. 소득이 높아져서 NOI도 올랐다.
5. NOI가 오르면서 부동산 가치도 올랐다. 부동산 가치는 1년
   차에는 100만 달러에서 5년차에는 140만 794달러로 올랐다.
6. NOI는 올랐지만 부채 상환은 하지 않았기에 그대로다. 현금
   흐름은 1년차에 7,958달러에서 5년차에는 3만 2,006달러로
   증가했다. 불과 5년 만에 지분을 20만 달러에서 65만 2,693
   달러로 늘렸다!

이것은 당신 스스로 하기에 어려워 보일 수도 있지만, 알고 보
면 사실 매우 간단한 수학이라는 점을 기억하길 바란다.

수익에
대한 이해

잠시 멈추고 ROI를 점검해 보기로 하자. ROI는 투자 수익률을 말한다. 당신은 이 책에서 배운 지식이 지불한 금액만큼 가치가 있다고 생각하는가? 여기서 내 목표는 당신이 지불한 금액의 100배를 얻길 바라는 것이다. 그렇다면 좋은 거래가 되었을 거라고 말하고 싶다. 머리가 지끈거릴 정도로 많이 배웠으면 좋겠다. 계속 해보겠다!

ROI에 대해 말씀드리면, 이 장에서는 실사조사에서 배운 지식을 활용하여 여러 다양한 수익 메트릭스를 파악하고, 하나의 투자를 다른 투자자와 비교해 볼 수 있도록 할 것이다. 이를 지침으로 활용하여 시간과 비용을 어떻게 쓸지 결정할 수 있을 것이다.

결정을 내리다

만약 내가 의사결정 과정을 안내함에 있어서, 재정적 수익을 사용하지 않는다면 삶이 어떻게 보일지 잠시 생각해 보자. 월세를 833달러와 1,000달러로 책정한 지난 장의 기회를 비교하고, 다음 기회와 비교해 보도록 하겠다.

둘 다 100만 달러이고 지분(자본)으로 20만 달러가 필요하다. 이번 새로운 거래에서, 당신은 임대료가 2%가 아닌 6%로 증가하는 부동산 시장에 뛰어들 참이다. 또한 당신은 은행 대출에 대해 더 낮은 이율을 적용받을 수 있고, 이로 인해 부채 상환액이 달라졌다. 어느 쪽을 선택할 것인가?

선택지1 – 지난 장의 내용

(단위: 달러)

년	1	2	3	4	5
수입	100,000.00	120,000.00	122,400.00	124,848.00	127,344.96
비용	−40,000.00	−40,800.00	−41,616.00	−42,448.32	−43,297.29
NOI	60,000.00	79,200.00	80,784.00	82,399.68	84,047.67
부채	−52,041.15	−52,041.15	−52,041.15	−52,041.15	−52,041.15
현금흐름	7,958.85	27,158.85	28,742.85	30,358.53	32,006.53
자산가치	1,000,000.00	1,320,000.00	1,346,400.00	1,373,328.00	1,400,794.56
부채 잔액	−800,000.00	−787,958.85	−775,315.65	−762,040.28	−748,101.15
지분	200,000.00	532,041.15	571,084.35	611,287.72	652,693.41

선택지 2 – 임대료가 6% 증가하는 새로운 시나리오

(단위: 달러)

년	1	2	3	4	5
수입	100,000.00	106,000.00	112,360.00	119,101.60	126,247.70
비용	−40,000.00	−40,800.00	−41,616.00	−42,448.32	−43,297.29
NOI	60,000.00	65,200.00	70,744.00	76,653.28	82,950.41
부채	−44,327.99	−44,327.99	−44,327.99	−44,327.99	−44,327.99
현금흐름	15,667.75	20,867.75	26,411.75	32,321.03	38,618.16
자산가치	1,000,000.00	1,086,666.67	1,179,066.67	1,277,554.67	1,382,506.83
부채 잔액	−800,000.00	−789,672.01	−778,905.08	−767,680.56	−755,978.99
지분	200,000.00	296,994.66	400,101.59	509,874.11	626,527.84

만약 앞서 설명한 실사 지표를 활용하지 않는다면 결정을 내리기가 어려울 수 있다.

선택지 1에서, 해당 부동산은 5년 후에 더 가치가 있다. 선택지 2의 거래는 초기에 더 많은 현금흐름을 가지며, 2~3년차에 더 많은 현금흐름을 갖게 된다. 그러다가 두 번째 선택지는 4년차에 현금흐름이 많아진다.

당신이 단지 실사 지표만 들여다보고 있다면, 어떤 거래가 더 나을지 명확한 답을 알기 어려울 것이다.

그리고 어떤 거래를 선택할지 결정할 방법이 없다면 잘못된 결정을 하게 될 가능성이 크다. 두 거래 모두 좋은 것 같지만 두 가지의 선택지는 각각 다른 속도로 돈을 벌게 해준다. 첫 번째 선택지는 1년차부터 2년차까지 돈의 대부분을 벌고, 두 번째 선택지는 소득 증가가 더디기 때문에 돈을 버는 데 더 오래 걸린다.

시간과 돈

만약 당신의 결정이 수학적으로 뒷받침이 되지 않는다면 실수나 오류를 범하게 될 것이다. 그리고 그것은 당신의 인생에 수백만 달러의 손실을 초래할 수도 있다.

이것이 바로 당신이 투자자로서 재무 수익률을 알고 있어야 하는 이유이다. 여기서 배울 몇 가지 수익률 지표가 있다. 하지만 먼저 소수의 사람들만이 이해하는 부의 기본을 알아야 한다. 바로 돈의 시간가치(TVM) 개념이다.

TVM이 우리에게 말해 주는 것은 오늘날 1달러가 내일의 1달러보다 더 가치가 있다는 것이다. 왜냐하면 오늘날 우리에게 1달러가 있다면, 우리는 그것을 투자하고 매일매일 증가시킬 수 있기 때문이다.

따라서 만약 당신이 100달러를 가지고 있고, 이를 연간 10%수익에 투자할 수 있다면, 1년 안에 110달러를 갖게 될 것이다. 1년 더 그렇게 하면 120달러가 아니라 121달러가 된다. 이처럼 초기

투자에서 얻은 수익으로 투자 수익률을 더욱 빠르게 높일 수가 있다.

이것을 복리 이자라고 한다. 다음은 100달러를 년 10%의 복리와 비 복리를 계산한 도표이다.

(단위: 달러)

10%	비 복리	복리
0년차	100	100
1년차	110	110
2년차	120	121
3년차	130	133.10
4년차	140	146.41
5년차	150	161.05
6년차	160	177.16
7년차	170	194.87
8년차	180	214.36
9년차	190	235.79
10년차	200	259.37

이 도표에서, 비 복리금액이 매년 10달러씩 증가하고 있음을 알 수 있다. 하지만 오른쪽 복리는 매년 더 빠른 속도로 증가하고 있다.

당신이 자신의 수익을 재투자하지 않는다면 당신은 여전히 100달러의 투자금만 갖고 있을 것이다. 그러나 수익을 재투자하면 이자를 받고 있는 금액만큼 매년 증가할 것이다. 그리고 이는 당신의 투자를 매년 더 큰 규모로 성장시킬 것이다.

100달러에 대해 이야기하고 있을 때면 별로 대단한 것으로 느껴지지 않는다. 10년 말의 차이는 200달러와 259달러다. 그렇게 생각하는가? 만약 10만 달러나 100만 달러를 투자했다면 어떻게 될까? 1만 달러를 투자할 경우, 당신은 50만 달러 이상의 차액을 벌어들일 수 있다.

알다시피 대부분의 사람들이 수익에 대해 생각할 때 다음과 같이 생각하는 경향이 있다. "얼마나 투자했고 얼마나 벌었는가?"

만약 당신이 1만 달러를 투자했는데 1만 5,000달러를 돌려받았다면, 이 투자에 대한 수익은 얼마인가? 대부분의 사람들은 당신이 50%의 수익을 올렸다고 말할 것이다. 그렇지 않은가?

1만 달러 투자로 1만 5,000달러 회수는 150% 수익인가, 50% 수익인가?

이러한 수학은 나에게 잘 어울리는 것 같다. 1만 달러를 투자했는데도 5년이 지나서 1만 5,000달러를 회수하지 못했다면, 여전히 50%의 수익이라 할 수 있는가? 일반적인 대답은 '그렇다'일 수 있지만, 실제로는 매년으로 나누면 수익률은 훨씬 낮아진다.

"오, 그렇군!" 당신은 이렇게 생각할 것이다. "5년 동안 5,000달러를 벌었으니 1년에 1,000달러를 번 것이다."

5년 동안 5,000달러를 벌었으니 1년에 1,000달러가 맞다.

$$\frac{1,000달러}{10,000달러} = 10\%의 수익$$

"이 경우 투자 수익률은 50%가 아니라 정말로 10%이다."

점점 답에 가까워지는 동안에도 우리는 여전히 틀리고 있다. 도표가 보여주는 것처럼, 당신의 돈은 복리로 증가해야 하기 때문에, 결과적으로 연간 10%도 벌지 못한 것이다.

실제로 당신은 1년에 10%도 벌지 못했다. 연 10%를 벌기 위해서는 5년차에 1만 6,105달러가 되어야 한다. 여기를 보자. 연 10%의 수익률을 위해서는 각 금액에 10%를 곱해야 한다.

0년 = 10,000달러

1년차 = 11,000달러

2년차 = 12,100달러

3년차 = 13,310달러

4년차 = 14,641달러

5년차 = 16,105달러

자신이 보유한 자산에 대해 이 계산을 적용하기 위해서는, 단지 1년 전에 비해 1.1을 곱하면 된다.

만약 당신이 1만 달러를 지불하고 5년 안에 1만 5,000달러를 돌려받았다면, TVM은 단지 8.45%의 복리일 뿐임을 말해 준다. 갑자기 50%의 수익률을 보였던 당신의 투자가 연간 10%도 채 되지 않는 것이다.

내가 이렇게 말하는 이유는 당신이 당신의 돈으로 실제로 무엇을 하고 있는지 알아야 하기 때문이다. 또한 여러분은 서로 다른 투자 기회들이 다른 방식으로 금융 혜택을 제공한다는 사실을 이해할 필요가 있다. 위의 두 가지 사례의 비교에서 알 수 있듯이, 하나는 더 빨리 더 많은 현금흐름을 창출할 수 있고, 다른 하나는 지분을 더 많이 늘릴 수 있다는 점이다.

한 명은 2년 안에 100달러의 수익을 얻을 수 있고, 다른 한 명은 그 금액의 두 배를 얻을 수 있지만 6년이 걸린다.

한 명은 더 큰 세금 혜택을 받을 수 있고, 다른 한 명은 더 적은 세금 혜택을 받을 수 있다.

따라서 이처럼 투자는 직감보다는 논리적으로 뒷받침되는 결정을 내릴 수 있어야 한다. 이 많은 숫자들이 산재된 상황에서, 당신은 어떻게 하면 가장 높은 수익을 내는 결정을 내릴 수 있을까?

내부 수익률

IRR에 대해 알고 있는 금융 지식이 있는 사람들은 이번 장을 생략해도 된다.

'IRR'이 낯설게 느껴지면 이 장을 계속 읽어보길 바란다. 우리는 투자자로써 내부 수익률 메트릭스를 사용하여 자산과 돈의 성장 속도를 측정할 수 있어야 한다. IRR은 당신의 돈이 전년도에 비해 매년 얼마씩 증식하고 있는지를 평가할 수 있게 할 것이다.

IRR의 훌륭한 점은 매우 복잡한 방정식을 쉽게 알 수 있도록 하고, 쉽게 분석할 수 있도록 하고 간단한 숫자를 제공한다는 점이다. 이 IRR 방정식을 통하면 서로 다른 기간에 들어오는 돈의 양을 쉽게 계산할 수 있다.

이번 장 이전에 1만 달러를 투자하고, 5년 후에 1만 5,000달러를 회수하면 복리로 8.45%의 수익이라고 설명했다. 그런데 이 8.45%가 바로 IRR이다.

IRR에 대해서는 공식을 알려주고 싶지만 복잡하기 때문에 단순한 방법으로 알려드릴 수 없음을 양해 바란다. IRR을 가장 쉽게 계산하는 방법은 계산기 또는 엑셀, 구글 스프레드시트를 활용하는 것이다. 좀 더 깊이 파고들고 싶지만, 조금 복잡한 내용이라 여러분이 관심을 잃고 IRR가 작동하는 방식을 정확히 전달하지 못할까 봐 두렵다.

IRR은 다른 모든 메트릭스를 능가하지만 당신이 활용할 수 있고 계산하기 쉬운 몇 가지 다른 인기 메트릭스를 설명하려고 한다.

현금 메트릭스

일반 부동산 투자자들에게는 현금이 가장 인기 있는 지표이다.

만약 부동산 가격이 500달러이고 LTV가 80%라고 가정해 보자. 당신은 100달러를 지불했고 은행이 당신에게 400달러를 빌려주었다. 비용을 지출하고 빚을 갚고 나면 해당 부동산에서 당신은 얼마를 얻게 되는가?

만약 부동산에서 연간 12달러의 현금흐름이 발생한다면, 당신은 12%의 금액을 현금으로 받게 될 것이다. 만약 부동산에서 5달러의 현금흐름이 발생했다면 당신은 5%의 금액을 현금으로 받을 것이다.

이와 같은 현금 메트릭스는, 당신이 자산을 매입하기 위해 이미 현금으로 지불한 현금 1달러 당 당신이 받을 수 있는 연간 현금흐름의 양을 측정할 수 있다.

$$\text{현금화} = \frac{\text{연간 현금흐름}}{\text{자산 매입에 필요한 지분}}$$

현금화 측정은 당신이 부동산을 얼마에 매입했는지는 중요하지 않다. 이는 단지 개인적으로 얼마나 많은 돈을 지불했는지에 대한 문제일 뿐이다.

은행 대출로 부동산을 매입할 수 있는 방식 때문에, 우리는 NOI를 보고 얻게 되는 연간 현금흐름의 전체상을 파악하지 못할 수 있다. 그래서 자본 환원율과 수치를 분석하고, 매년 현금으로 받는 금액과 부동산에 재투입해야 할 금액을 살펴봐야 한다.

이는 현금흐름을 측정하고 비교하는 것일 뿐, 부동산 투자에 있어서 다른 이점은 고려되지 않는다. 매년 투자 성과가 다르기 때문에, 연간 현금화 수치도 변동될 것이다. 여기에 매년 현금화가 어떻게 변하는지 보여주는 실사 지표가 있다.

(단위: 달러)

년	1	2	3	4	5
수입	100,000.00	106,000.00	112,360.00	119,101.60	126,247.70
비용	−40,000.00	−40,800.00	−41,616.00	−42,448.32	−43,297.29
NOI	60,000.00	65,200.00	70,744.0	76,653.28	82,950.41
부채	−44,327.99	−44,327.99	−44,327.99	−44,327.99	−44,327.99
현금흐름	15,667.75	20,867.75	26,411.75	32,321.03	38,618.16
자산가치	1,000,000.00	1,086,666.67	1,179,066.67	1,277,554.67	1,382,506.83
부채 잔액	−800,000.00	−789,672.01	−778,905.08	−767,680.56	−755,978.99
지분	200,000.00	296,994.66	400,101.59	509,874.11	626,527.84
현금화	7.83%	10.43%	13.21%	16.16%	19.31%

위의 예에서 볼 수 있듯이, 현금에 대한 현금화 액수는 매년 변한다. 1년에서 5년까지 7.83%에서 19.31%로 두 배 이상 증가한다.

1년차에는 1만 5,667.75달러의 현금흐름이 발생했고, 필요한 자본은 20만 달러였다. 그래서 1만 5,667.75달러를 20만 달러로 나눠 7.83%라는 비율을 얻어냈다.

5년차에는 3만 8,618.16달러의 현금흐름이 발생했다. 필요한 자본은 여전히 20만 달러이다. 그래서 3만 8,618.16달러를 20만 달러로 나눠 19.31%라는 수치를 얻을 수 있다.

이처럼 현금화 메트릭스는 자금 조달을 위한 대안을 마련하고, 현금흐름에 가장 적합한 항목을 비교하고자 할 때 사용하기 좋은 방법이다.

예를 들어, 한 은행이 20년 상각에 LTV 70%에, 이율을 5%로 제시한다고 치자. 또 다른 은행은 25년 상각에 LTV 80%에, 5.5% 이율로 대출을 해주려고 한다고 치자. 이 경우 현금화 메트릭스를 활용하여, 현금흐름을 최대화하기 위해 어떤 대출 옵션을 선택할 것인지 비교할 수 있다.

(단위: 달러)

	선택 1	선택 2
	LTV 70% 이자 5% 20년 상각	LTV 80% 이자 5.5% 25년 상각
내 지분	300,000	200,000
은행 지분	700,000	800,000
연간 지불	56,169.81	59,639.48
NOI	75,000	75,000
연간 현금흐름	18,830.19	15,360.52
현금화	6.28%	7.68%

선택 1에서 보시다시피 30만 달러를 부동산에 투자했다. 이것은 '내 지분' 옆에 표시되어 있다. 그런 다음 우리는 은행에서 나머지 70만 달러를 빌렸다. 우리는 70만 달러를 빌렸기 때문에 5만 6,169.81달러의 연간 이자를 지불하고 있다.

자산의 NOI는 7만 5,000달러이므로 현금흐름을 얻기 위해 우리는 NOI에서 채무상환액을 빼려고 한다.

현금흐름 : 75,000달러 - 56,560.81달러 = 18,830.19달러

이제 우리는 현금흐름을 파악해서 그것이 우리가 투자한 30만 달러의 백분율로 얼마인지 알아보려고 한다.

$$\frac{18,830.19달러}{300,000달러} = 6.28\%$$

이 시나리오에서 현금화된 현금은 6.28%이다. 이제 다음 선택지와 비교해 보자.

(단위: 달러)

	선택 1	선택 2
	LTV 70% 이자 5% 20년 상각	LTV 80% 이자 5.5% 25년 상각
내 지분	300,000	200,000
은행 지분	700,000	800,000
연간 지불	56,169.81	59,639.48
NOI	75,000	75,000
연간 현금흐름	18,830.19	15,360.52
현금화	6.28%	7.68%

선택 2에서는 상각 기간이 5년 더 길고 금리도 높으며 LTV도 더 높다. LTV가 더 높기 때문에 부동산에 투입해야 하는 자본은 더 적다는 뜻이다. 이제 30만 달러를 투입하는 대신에 20만 달러만 투입하면 된다.

우리가 돈을 더 많이 빌렸기 때문에, 부채 상환액은 더 많아졌다. 부동산은 동일한 NOI를 가지고 있기 때문에 현금으로 계산하기 위해서는 이전과 같은 계산을 할 것이다.

75,000 − 59,639.48 = 15,360.52의 현금흐름

현금으로 인출하기 위해서는 1만 5,360.52달러를 가져다 부동산에 얼마를 투입했는지로 나눈다.

$$\frac{15{,}360.52달러}{200{,}000달러} = 7.68\%$$

선택 1에서는 1만 8,830.19달러, 선택 2에서는 1만 5,360.52달러였다. 하지만 선택 2번에서 거래하는 돈이 적기 때문에, 우리는 더 많은 현금을 가지고 있다.

선택 2번에서 현금흐름은 줄었지만, 돈을 적게 투입했기 때문에 현금흐름은 더 높았다.

선택 1에서는 매년 더 많은 현금흐름을 만들고 있지만, 더 많은 돈을 지불해야 하기 때문에 더 적은 돈을 벌고 있다. 선택 2를 활용하면 현금흐름을 줄어들지만, 미리 지불하는 금액 면에서 더 적은 비용이 든다.

결국, 현금이 우리에게 말해 주는 것은 가진 돈의 흐름을 어떻게 최적화하느냐 라는 것이다. 만약 당신의 목표가 많은 현금흐름을 창출하는 것이라면, 여러분은 현금화에 가장 유리한 거래방식과 대출을 선택하는 것을 목표로 하면 된다.

수익률에
세제 혜택 추가하기

　부동산 투자자가 자산에 대한 세제혜택을 실사자료 또는 수익 메트릭스에 추가하는 것은 흔한 일이 아니다. 나는 왜 이것이 일반적인 관행이 아닌지 이해하지 못했다. 내가 추정할 수 있는 가장 큰 이유는 마치 빚을 갚는 것처럼, 투자자마다 세제혜택이 다르기 때문일 것이라는 점이다.

　고소득자가 10만 달러의 감가상각으로 받게 될 혜택은, 연간 5만 달러를 버는 사람에게 주는 혜택과 다를 것이다. 주로 세금 단계에 따른 세금 공제 때문이다.

　투자자가 부동산에 대해 어떤 세금 혜택을 기대할 수 있는지 회계사와 상의해 보는 것도 가치가 있다. 회계사는 여기서부터 세금 혜택을 실사자료에 추가할 수 있고 적용을 위해 적절한 비교를 할 수 있을 것이다. 즉 실사자료에서 얻을 수 있는 수익과 진정한 의미의 성과를 비교해 보라는 것이다.

　예를 들어, 당신은 토지를 임대할 수도 있고, 이 투자로 인해

12%의 현금을 벌 수 있다. 하지만 같은 지분 투자로 아파트 단지를 살 수 있었다고 가정해 보자. 아파트 임대로 인해 10%의 현금을 벌 수 있지만, 감가상각 후 투자자가 세금 혜택을 통해 첫 해에 50%의 자금을 회수할 수 있게 된다면 어떨까?

토지 쪽이 처음에는 현금이 더 많고 있고 더 나은 투자처럼 보일 것이다. 하지만 아파트로 인해 제공되는 세금 혜택(토지는 그렇지 않다.) 때문에, 결국엔 하루를 마감할 때 당신은 더 잘 살고 있다는 사실을 발견하게 될 것이다.

그렇기 때문에 나는 당신이 세금을 얼마나 절약할 수 있는지를 더하는 실사자료 하단에 추가 라인을 마련해 두라고 추천한다. 부동산 거래에 얼마나 많은 세제혜택이 있는지를 과소평가해서는 안 된다!

레버리지가
수익에 미치는 영향

이번 장에서는 전체 부동산 프로젝트의 수익보다는 당신의 돈을 회수하는 데 초점을 맞추고자 한다. 만약 당신이 이 자산을 매입하는데 부채를 사용하지 않았다면, 이 자산의 수익은 우리 돈의 수익과 같을 것이다.

만약 우리가 수익률이 좋은 자산이 있고, 이 자산에 쓸 수 있는 100만 달러를 가지고 있다면, 어떤 사람들은 빚을 지지 않으면 더 높은 수익률을 얻을 수 있기 때문에, 은행 돈을 사용하지 말아야 한다고 생각할 것이다.

하지만 이런 사고방식은 부의 성장을 엄청나게 지연시킬 것이다.

또한 거래 빈도를 줄일 뿐 아니라 수익률도 전반적으로 낮아질 것이다. 은행 자금을 사용하여 더 많은 거래를 하고 더 높은 수익률을 얻을 수 있을 때 이를 포지티브 레버리지라고 한다.

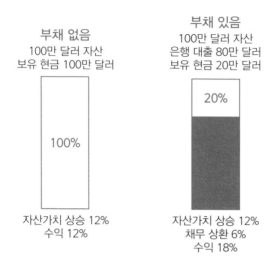

부채 없음
100만 달러 자산
보유 현금 100만 달러

100%

자산가치 상승 12%
수익 12%

부채 있음
100만 달러 자산
은행 대출 80만 달러
보유 현금 20만 달러

20%

자산가치 상승 12%
채무 상환 6%
수익 18%

하지만 레버리지도 반대 방향으로 작용할 수 있다는 점을 알아
야 한다.

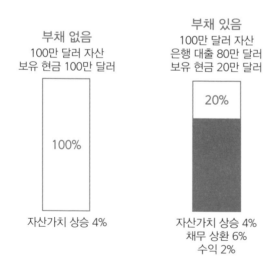

부채 없음
100만 달러 자산
보유 현금 100만 달러

100%

자산가치 상승 4%

부채 있음
100만 달러 자산
은행 대출 80만 달러
보유 현금 20만 달러

20%

자산가치 상승 4%
채무 상환 6%
수익 2%

위의 예에서, 자산이 벌어들이는 수익보다 부채로 인한 비용이 더 많이 든다는 것을 알 수 있다. 이는 실제로 자산에 대한 수익을 감소시킨다. 부채가 이렇게 수익에 해를 끼칠 때, 이를 네거티브 레버리지라고 불리는데 이는 바람직하지 않다.

부정적인 영향에서 벗어나라. 은행에 지불할 금액을 정확히 알기 위해서는, 매년 지불하는 이자와 원금을 살펴봐야 한다. 이를 모기지 상수라고 하는데, 간단히 말해 아래와 같다.

$$\text{모기지 상수} = \frac{12 \times \text{월 지불액}}{\text{대출 금액}}$$

만약 당신이 10만 달러를 빌리고 매달 952달러를 지불한다면, 주택담보 대출 상수는 얼마일까?

$$\text{담보대출 상수} = \frac{12 \times 952\text{달러}}{100,000\text{달러}}$$

$$\text{담보대출 상수} = \frac{11,424\text{달러}}{100,000\text{달러}}$$

모기지 상수 = 11.42%

일단 당신이 담보대출을 계속 받게 되면, 부채를 갖는 것이 해당 부동산 투자가 이득인지 아닌지 알게 될 것이다. 주택담보대출 상수가 11.42%라고 한다면, 그 이상 수익을 낼 수 있는 부동산을 찾아야 한다.

어떤 부동산에 대한 투자가 타당하고, 기준을 충족하는지 신속하게 확인할 수 있는 또 다른 방법이 있다. 대출 상수보다 자본금이 더 높은지를 확인하는 것이다. 만약 당신이 빚을 지지 않는다면, 자본 환원율은 현금화 할 수 있는 금액과 같을 것이다. 그리고 모기지 상수가 자본 환원율보다 낮으면 긍정적인 레버리지를 갖게 된다.

주택 담보대출 상수에 대한 공정한 경고는 약간의 생각을 갖고 적시에 적용할 수 있어야 한다. 1년차에 2%의 현금 상승을 낼 부동산이 있고, 2년차에는 15%를 상승시키는 부동산이 있다고 치자. 그렇다면 1년차에는 마이너스 레버리지, 2년차에는 플러스 레버리지로 돌아설 수 있다.

하지만 이 시점부터 부동산 가치가 어떻게 변화될지 알 수 없다. 만약 이 부동산에서 긍정적인 효과가 나타나지 않는다면, 나는 즉시 그 부동산을 처분하고 시간과 에너지와 돈을 다른 곳에 쓰라고 조언하고 싶다.

수익에 관한 결론

이번 장에서 당신이 깨달아야 할 가장 중요한 점은 논리와 수학적으로 뒷받침되는 투자를 해야 한다는 것이다. 거래에 대해 좋은 느낌을 갖는 것은 중요하다. 하지만 수치가 제대로 작동하는지 반드시 확인해야 한다. 만약 당신이 현금이나 IRR에 나쁜 수치를 발견했다면, 당신의 부를 더 빨리 증식할 수 있는 자산에 돈과 시간을 써야 한다.

각각의 수익을 평가할 때는 장점과 단점이 있다. 수익을 평가하는 방법을 완전히 이해할 수 있을 때까지 이 장을 여러 번 다시 읽어보는 것이 좋다. 수익률이 어떻게 작용하는지, 각각의 수익률이 무엇을 의미하는지 이해하게 되면, 부동산 투자자로서의 역량과 자신감이 급상승할 것이다. 왜냐하면 당신이 무엇을 봐야 하고 어떻게 판단할지 알 수 있기 때문이다.

시간과 돈을 갖고 올바른 결정을 한다면 의사 결정 능력 또한 올라갈 것이다. 내가 다니는 부동산 학원에서는 수익률 산정 방식과 적절한 사용법에 대해 아주 깊이 있게 설명해 준다. 실제 사례를 살펴보면서 내가 자산을 어떻게 바라보고 이해하고 결과를 예측하는지 알아보도록 하겠다. 또한 학원에서는 총임대료 승수와 지분 배수와 같은 많은 다른 수익률 지표를 다룬다. 부동산과 수익 분석에 대해 더 많이 배울수록 금융 IQ도 높아질 것이다. 그리고 금융 IQ가 높아질수록 당신은 더 많은 돈을 벌 것이다.

또한 많은 실사자료에 대한 접근을 자동화하고, 자산에 대한 수익을 계산하여 시간을 절약하는 스프레드시트 프로그램도 활용할 수 있어야 한다. 이러한 거래 분석기는 현금에 대한 IRR을 알려주고, 당신이 원하는 수익의 종류에 따라 부동산에 얼마를 투자해야 할지를 알려준다. 수많은 과정을 자동화하면 골치 아픈 수백 시간을 절약할 수 있으며, 수치에 대해서도 자신감을 얻을 수 있다.

해당 부동산에서 임대료가 2%가 아닌 3%로 인상되면 수익은 어떻게 되는지, 일부 임대 단위를 수리하면 어떻게 되는지 등, 여러 가지 시나리오에서 수익률이 변동하는 것을 확인할 수 있다.

PART
11

함께 모아
종합하기

당신은 지금까지 엄청난 양의 부동산 투자 지식을 알게 되었다. 그리고 나는 그것을 해낸 당신을 위해 보답하고 싶다. 당신이 받게 될 보상은 내가 사용하고 있는 정확한 비즈니스 모델이며 영원히 사용할 계획이다. 그리고 이것은 내가 부동산 투자를 안내할 때 사용하는 압도적인 전략이기도 하다.

이를 나는 '부동산 무료 플레이북'이라고 한다. 꽤 근사하게 들리지 않는가? 그렇다. 이번 장에서는 무료로 부동산을 취득하는 방법을 알아보자! 이 방법은 상상했던 것보다 훨씬 더 빨리 부동산 사업을 확장할 수 있도록 도움을 줄 것이다. 내가 그 방법을 알려주려고 한다! 하지만 이때까지 설명한 기본을 다 이해하지 못하고서는 할 수 없는 일이다.

어떻게 그것이 가능할지 이해하라. 당신은 이 부분이 속임수라고 생각할지도 모른다. 즉, 이전 장들을 생략했다면 다시 돌아가서 읽어보길 권한다. 그러면 지금 설명할 내용들을 최대한 쉽게 활용할 수 있다. 당신이 기초적인 것을 이해하지 못한다면, 어떻게 그것들이 가능할 수 있는지 이해하기 어려울 것이다. 노트북을 준비하라. 이것은 인생을 바꾸는 일이다! 자, 시작해 보자!!

무료 부동산

먼저 목표를 정의하겠다. 당신은 남은 생애 동안 매달 당신에게 지불할 현금흐름을 창출하는 자산을 소유하길 원한다. 또한 당신은 그것을 가진 돈 없이 하기를 원하고 있다. 물론 돈을 가지고서도 할 수도 있지만, 아무리 돈이 많아도 결국은 돈이 바닥날 것이다. 만약 당신이 그것을 하는데 있어서 자신의 돈이 아닌 은행 돈을 활용할 수 있다면, 그것은 훨씬 더 좋은 방법일 것이다. 은행들은 쉽게 돈이 바닥나지 않는다.

우리의 부동산부터 시작해 보자. 먼저 자산 가치가 상승하는 부동산을 찾아볼 것이다. 그리고 우리 모두 잘 알고 있는 아파트 단지로 가보자.

우리는 현재 실적이 부진한 아파트 단지를 찾고 있다. 여러 가지 이유로 성과가 좋지 않을 수 있지만 이 자산은 현재보다 훨씬 높은 NOI를 가질 수 있음을 알고 있다.

예를 들어, 부동산은 현재 연간 6만 4,000달러의 NOI를 가지고

있으며, 약간의 보수가 필요하기 때문에 8% 할인된 가격으로 80
만 달러에 매입할 수 있다. 이런 내용은 다음 이미지로 표시할 수
있다.

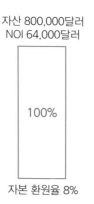

자산 800,000달러
NOI 64,000달러

100%

자본 환원율 8%

이미 설명한 것처럼 은행에 가서 80% LTV 대출을 요청할 수
있다. 그리고 은행은 이 부동산의 가능성을 보고 당신에게 대출해
주기로 동의할 것이다. 은행은 당신에게 80만 달러의 80%인 64
만 달러를 빌려줄 것이다.

이제 매입을 위한 훌륭한 부동산과 약간의 가치를 추가할 준비
가 되었다. 은행이 해당 자산의 80%를 5%의 이율에 30년 상각
조건으로 대출을 승인했다. 또한 당신은 긴 풍선 기간을 갖기 위
해 협상을 해야 한다는 사실을 기억해 냈다. 그래서 당신은 곧바
로 빚을 갚지 않아도 된다. 이제 현금 20%를 투입할 16만 달러를
마련하기만 하면 된다.

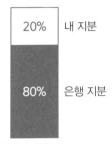

자산 800,000달러
NOI 64,000달러

20% | 내 지분

80% | 은행 지분

자본 환원율 8%

그림에 표시된 것처럼 은행은 매입액의 80%를 대출해 줄 것이며, 당신은 자신의 돈 20%를 지분으로 투자해야 하다.

당신이 16만 달러를 가지고 있다면 굉장한 일이다. 당신은 그 돈을 사용하면 된다. 그리고 나는 당신이 그 돈을 어떻게 돌려받을 수 있는지 알려줄 것이다.

그래야 당신은 이 거래에서 당신의 돈을 잃지 않는다. 만약 16만 달러를 가지고 있지 않다면 투자자들을 찾아야 할 것이다. 나는 당신이 투자자들과 어떻게 대화를 해야 하는지도 설명할 것이다.

그리고 이 책을 계속 읽음으로써 알게 될 것이다. 결국 당신은 투자자의 돈으로든 당신의 돈으로든 그 부동산을 매입할 것이다. 일단 부동산을 매입하고 나면 그것에 대한 후속 작업을 시작하고 NOI를 증가시킬 것이다.

당연히 그 부동산을 사려고 할 때, 당신은 실사자료를 확인할 것이다. 실사자료는 다음과 같다.

년	1	2	3	4	5
수입	100,000.00				
비용	-36,000.00				
NOI	64,000.00				
부채	-41,632.92				
현금흐름	22,367.08				
자산가치	800,000.00				
부채 잔액	-640,000.00				
지분	160,000.00				

당신은 10만 달러의 수입이 이 부동산의 규모에 비해 매우 낮다는 것을 알고 있다. 이 아파트는 20세대이고 각각 한 달에 500달러에 임대하고 있다. 하지만 관리가 제대로 되고 있지 않아, 임대료를 내지 않고 공짜로 사는 세입자가 여럿 있었다.

당신이 이 부동산을 살펴보고 있는 동안, 만약 모든 세대에 임대료를 받고 원래대로 한다면 얼마나 돈을 벌 수 있는지 알고 싶을 것이다. 이것을 '잠재적 총소득'이라고 한다.

잠재적 총소득 = 월세 × 세대수

이 자산에 대한 잠재적 총소득을 구하기 위해 20세대를 500달러로 곱하면, 매월의 잠재적 총소득을 얻을 수 있다.

잠재적 총소득 = 500달러 × 20달러 = 매달 10,000달러
10,000달러 × 12개월 = 연간 120,000달러

이 부동산을 처음 매입했을 때 불량 세입자를 퇴거시키거나, 그 세입자에게 돈을 지불하게 하면 NOI가 상승할 것이다. 이 부동산은 연간 12만 달러를 벌어들일 가능성이 있지만, 잘못 관리되고 있기 때문에 10만 달러밖에 벌지 못했다.

당신은 이런 사실을 깨닫고 현재의 주인이 1년에 2만 달러를 놓치고 있다는 사실을 알게 된다.

건물들은 다 무너져가고 있었고, 당신 스스로 바깥 쓰레기를 치우고, 멋진 조경을 하고 페인트를 칠한다면 어떻게 될까? 아파트의 상태를 더 좋게 하고, 더 많은 임대료를 청구할 수 있고, 더 높은 질의 세입자를 끌어들일 수 있을 것이다. 경쟁업체와 비교해보면, 건물 수리를 마치고 나면 새 임대료는 세대 당 750달러는 충분히 받을 수 있다는 것을 알 수 있을 것이다.

750달러 × 20달러 = 월 15,000달러

15,000달러 × 12개월 = 연간 180,000달러

이렇게 정리한 후에 새로운 총수입은 연간 18만 달러가 될 것이다.

그리고 이렇게 하기 위해서는 수리를 위해 돈을 좀 써야 할 것이다. 페인트 3만 달러, 조경 1만 5,000달러, 주변에 널려 있는 쓰레기를 치우는 데 5,000달러 정도가 필요할 것이다.

80만 달러에 부동산을 매입할 뿐만 아니라, 이 아파트를 수리하는 데 5만 달러를 써야 한다. 그리고 이것이 부동산 투자라는 것을 당신은 잘 알고 있다. 왜냐하면 당신이 돈을 쓰면, 그것은 NOI

를 증가시킬 것이기 때문이다. 우리는 이 모든 것을 은행에 말하고, 개선비의 80%도 은행이 지불해 달라고 요청하는 것이다. 이제 우리의 실사 견적은 다음과 같다.

(단위: 달러)

년	1	2	3	4	5
수입	100,000.00				
비용	-36,000.00				
NOI	64,000.00				
부채	-44,234.98				
현금흐름	19,765.02				
자산가치	850,000.00				
부채 잔액	-680,000.00				
지분	170,000.00				

부동산 가치가 어떻게 상승하고, 부채와 자본이 증가하고 부채 상환이 증가했다. 그리고 현금흐름이 어떻게 감소했는지 주목해 보자. 1년차에 부채상환액이 올라 현금흐름은 줄었지만 2년이 되어서야 추가 수입이 발생하기 시작했다.

은행이 우리에게 4만 달러를 추가로 빌려줄 것이기 때문에 지불액도 증가할 것이다. 또한 아파트 수리와 개선을 위해 1만 달러의 추가 현금을 마련해야 한다. 하지만 이것은 잘 쓴 돈이고, 2년 차에는 NOI가 크게 상승할 것이다.

2년차에는 NOI와 지분가치, 현금흐름이 얼마가 될 것인지를 추정하기 위해 약간의 계산을 하고, 계산한 견적에 숫자를 집어넣어야 한다.

2년차 때 새로운 수입이 얼마가 될지 알아보는 계산을 해보자.

(단위: 달러)

년	1	2	3	4	5
수입	100,000.00	180,000.00			
비용	-36,000.00	-36,720.00			
NOI	64,000.00	143,280.00			
부채	-44,234.98	-44,234.98			
현금흐름	19,765.02	99,045.02			
자산가치	850,000.00				
부채 잔액	-680,000.00				
지분	170,000.00				

당신의 수입은 증가했고, 지출은 인플레이션 비율만큼 증가했다. 부채 상환은 그대로였지만 결과적으로 NOI와 현금흐름은 최고조에 달하고 있다!

2년차에는 현금 수익률이 58%까지 올라간다! 이 부동산에 대한 당신의 지분은 또 어떤가? 어떻게 되었을까?

알다시피 이 부동산을 8% 할인된 가격으로 매입했는데, 건물도 낙후되었고 세를 내지 않는 세입자들도 있어서 싸게 매입할 수 있었다. 당신은 매입 후 건물을 고치고, 또 고위험 세입자들을 저위험 세입자로 교체했다.

결과적으로 당신은 자산을 더 매력적이고 투자 위험도가 더 낮은 자산으로 만들었다. 이 자산을 더 좋게 만들고 위험을 낮춘 것에 대한 보상으로, 이제 당신은 이 자산에 더 낮은 자본 환원율을 활용할 수 있게 되었다.

결국 당신은 C급의 자산을 매입했지만 이것을 B급의 건물로 개선한 것이다. 당신이 어떤 환원율을 활용해야 할지 살펴보니, 이번 투자와 비슷한 규모와 질적으로 다른 아파트가 7%의 환원율로 매물로 나와 있다.

그래서 당신은 현재 7%의 자본 환원율로 부동산 가치를 평가한다. 왜냐하면 시장은 당신이 그렇게 해야 할 일이라고 말하기 때문이다.

2년차 NOI를 사용하여 7% 환원율의 자산 가치를 살펴보자.

(단위: 달러)

년	1	2	3	4	5
수입	100,000.00	180,000.00			
비용	−36,000.00	−36,720.00			
NOI	64,000.00	143,280.00			
부채	−44,234.98	−44,234.98			
현금흐름	19,765.02	99,045.02			
자산가치	850,000.00	2,046,857.14			
부채 잔액	−680,000.00				
지분	170,000.00				

와우! 자산의 새로운 가치가 200만 달러를 넘어섰다. 만약 당신이 8%의 자본 환원율을 사용했더라면, 이 자산의 가치는 179만 1,000달러밖에 되지 않았을 것이다. 하지만 당신은 이 자산의 위험도를 낮추었기 때문에 자산 가치를 크게 높일 수 있었다!

년	1	2	3	4	5
수입	100,000.00	180,000.00			
비용	−36,000.00	−36,720.00			
NOI	64,000.00	143,280.00			
부채	−44,234.98	−44,234.98			
현금흐름	19,765.02	99,045.02			
자산가치	850,000.00	2,046,857.14			
부채 잔액	−680,000.00	−699,765.02			
지분	170,000.00	1,377,092.12			

이제 2차년도 말에, 당신은 이 부동산에 137만 7,092달러의 지분을 갖게 되었다.

"이거 정말 대단한데, 하지만 난 이미 이해했어. 이게 바로 자산 가치를 상승시키는 투자이지. 어떻게 이걸 비틀어 부동산을 공짜로 얻을 수 있을까?"

다음 그림에서는 1차 년도부터 2차 년도까지의 자산을 비교하려고 한다. 왼쪽 막대는 처음 자산을 나타낸다. 보수 공사 후에 85만 달러의 가치가 있었고 80%의 레버리지를 활용했다. 흰 부분은 현재의 지분이다.

오른쪽에는 훨씬 더 큰 막대가 있다. 왜냐하면 부동산 가치가 상승했기 때문이다. 대출 잔액을 갚아 부채 수준(음영 부분)이 소폭 하락했다. 그리고 자, 당신은 더 많은 지분을 갖게 되었다.

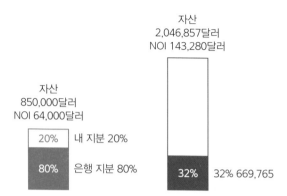

자산
2,046,857달러
NOI 143,280달러

자산
850,000달러
NOI 64,000달러

20% 내 지분 20%

80% 은행 지분 80%

32% 32% 669,765

가치를 상승시키려면 여러 가지 선택지가 있지만 모든 선택지가 유용하다.

위의 그림을 보자. 왼쪽 막대는 처음 샀을 때의 자산을 나타낸다. 자본금이 20%밖에 되지 않아 선택의 여지가 많지 않다.

오른쪽 막대에 값을 추가하면 해당 막대는 자산의 크기를 나타낸다. 당신은 많은 양의 자산을 갖게 되었다! 여기서 당신은 큰돈을 벌고 공짜 부동산을 얻게 될 것이다.

이제 가치가 추가되었으니, 이 부동산은 훨씬 더 가치가 상승했고 빚도 이미 다 갚았다. 당신의 자산은 LTV 32%에 있다. 알다시피 당신은 이 부동산 투자에서 최대 80%의 LTV를 적용받을 수 있었다.

무료 부동산을 보유하게 되는 방법은 다음과 같다. 부동산을 매입하고, 부동산 가치를 상승시킨 뒤 은행에 가서 현금을 인출하는 것이다. 첫 대출금을 갚을 수 있는 충분한 돈을 찾아 투자자들에게 원금을 갚아라. 그러면 다음과 같다.

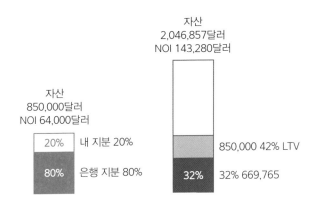

자산
2,046,857달러
NOI 143,280달러

자산
850,000달러
NOI 64,000달러

20% 　내 지분 20%

80% 　은행 지분 80%

850,000 42% LTV

32% 　32% 669,765

　2년차 말에 은행에 가서 은행원에게 말하라. "이봐, 은행원, 이 아파트 대출해 줘서 고마웠어. 정말 좋은 소식을 두 가지 가지고 왔지. 첫 번째 좋은 소식은 그 부동산이 잘 운영되고 있고, 현재 200만 달러 이상으로 가치가 상승했다는 것이지. 두 번째 좋은 소식은 85만 달러를 재융자하고 싶다는 거지."

　알다시피 원래 총 사업비와 동일한 수준의 재융자를 할 때, 첫 번째 주택 담보대출을 갚고 투자자들에게 돈을 돌려주기에 충분한 현금이 당신에게 돌아올 것이다.

　재융자를 했으니 이제 대출금이 더 커졌고 부채 원금도 급등할 것이다. 다음과 같이 표시하면 된다.

(단위: 달러)

년	1	2	3	4	5
수입	100,000.00	180,000.00	183,600.00		
비용	−36,000.00	−36,720.00	−37,454.40		
NOI	64,000.00	143,280.00	146,145.60		
부채	−44,234.98	−44,234.98	−55,293.72		
현금흐름	19,765.02	99,045.02	90,851.88		
자산가치	850,000.00	2,046,857.14	2,087,794.29		
부채 잔액	−680,000.00	−699,765.02	−850,000.00		
지분	170,000.00	1,377,092.12	1,237,794.29		

부채가 85만 달러로 늘었고, 이로 인해 연간 지불액은 4만 4,234달러에서 5만 5,293달러로 증가할 것이다. 2년차부터 3년차까지 부채에서 이러한 변화를 알 수 있다. 만약 당신이 이 거래를 할 수 있도록 17만 달러를 가지고 있다면 매우 쉬워진다.

재융자는 85만 달러가 될 것이다. 이 돈에서 첫 번째 대출을 갚아야 한다. 그리고 남은 돈은 다시 통장에 넣어두면 된다. 아니면 페라리를 사든가 뒷마당 혹은 마늘밭에 묻어둘 수도 있겠다. 암튼 하고 싶은대로 다 해도 된다.

축하한다. 이제 그 부동산은 공짜가 되었다.

당신은 이 부동산을 100% 혼자 소유하고 있고, 원래 소유했던 모든 돈은 원하는 것에 사용하기 위해 가지고 있다. 그건 그렇고 당신이 처음 투자했던 모든 돈을 회수할 수 있다는 점이다!

현재 당신은 돈을 사용하지 않고 부동산을 소유하고 있으며, 당신의 남은 생애 동안 매년 9만 851달러의 현금흐름을 창출하게 될 것이다. 한편 부채를 다 갚고 나면 어떻게 될까?

맞다. 더 이상 빚을 갚지 않아도 된다! 당신은 그저 기다리면서 세입자들에게 빚을 갚게 하면 된다! 이제 당신의 현금흐름이 NOI와 같을 것이기 때문이다.

따라서 부채가 상환된 후 NOI가 14만 6,145달러였다면, 그 해의 현금흐름 14만 6,145달러를 주머니에 넣고 보관할 수 있을 것이다!

만약 당신이 17만 달러를 미리 가지고 있지 않고 투자자들의 도움을 받았다면, 지금이 그 투자자들의 돈을 모두 돌려줄 때이다.

투자자를 끌어들이기 위한 전략은 어렵지 않다. "이봐요. 투자자님. 저는 당신이 계좌에 많은 돈을 가지고 있다는 것을 압니다. 인플레이션으로 인해 당신의 돈의 가치는 매일 떨어지고 있어요. 좋은 매물에 투자를 해야 한다는 것을 나는 알아요. 나는 지금 진행하고 있는 훌륭한 프로젝트가 있는데, 이를 성사시키기 위해 약간의 돈이 필요해요. 이 프로젝트에 자금을 대준다면 3~5년 안에 모든 돈을 돌려줄 것이고, 그 후에도 평생 동안 내가 하는 모든 투자에서 현금흐름을 창출하는 부동산을 소유하게 될 겁니다."

당신은 잠재 투자자들이 자신들의 돈을 전액 회수할 수 있을 것이고, 남은 생애 동안 그것으로부터 현금 소득을 얻게 될 것이라고 말하고 있다.

당신이 투자자들에게 돈을 받게 되면, 당신이 진행하는 프로젝트가 무엇이 이치에 맞는지 결정할 수 있을 것이다. 당신은 투자자에게 원금의 10%를 받고도 매년 1만 7,000달러를 벌 수 있다고 말할 수 있다. 투자자들은 투자의 댓가로 10%의 현금을 받았지만 결국은 원금도 모두 회수할 수 있다. 이것은 어느 투자자에게나 큰 수익이다!

당신은 투자자에게 현금흐름을 50/50으로 나누겠다고 말할 수도 있다. 여기서부터는 여러 가지 선택지가 있으며, 이치에 맞게 거래를 성사시킬 수 있다.

많은 투자자들은 왜 자신들이 직접 투자하지 않고 당신과 함께 투자해야 하는지 궁금해 할지 모른다. 일부 투자자는 자신이 직접 할 수 있는 시간이 있겠지만 사실은 그렇지 않을 것이다. 시간이 부동산 투자의 제약 요인이 될 수도 있을 것이다.

따라서 투자자들과 함께 일하는 사람으로서, 그들에게 가치를 명확히 제시할 수 있어야 한다. 모든 비즈니스 벤처와 파트너십에서 각 당사자는 일종의 그런 가치를 보여줄 것이다.

대부분의 사람들은 가치가 돈만을 의미한다고 생각하지만, 그것은 사실이 아니다. 프로젝트를 함께 진행하는 시간은 파트너 관계를 맺을 수 있는 가치의 좋은 형태이다. 많은 경우에 전문성은 시간과 돈보다 훨씬 더 가치가 있다.

여러분은 또한 투자자의 세금을 줄이기 위해 세제 혜택을 줄 수 있다는 것도 잊지 말아야 한다! 부유한 사람들은 매년 세금을 내면서 많은 돈을 낭비하고 있으며, 부동산 투자는 그들이 세금을 덜 내도록 도와줄 수 있다.

투자자에게 첫 해에 부동산에 10만 달러를 투자하면 8만 달러의 세금을 절약할 수 있는 방법을 보여줄 수 있다면, 투자자들은 기꺼이 당신의 제안에 귀를 기울여 줄 것이다.

재금융

부동산에 가치를 부가한 후 가질 수 있는 또 다른 선택지가 있다. 투자자에게 받은 수준까지만 융자하는 대신, 전체를 완전히 재융자하는 방식이다.

이전과 동일한 이미지가 있겠지만, 지금은 세 번째 선택지를 추가한 것이다. 이 방법은 부분만 재금융을 하는 대신에 전체를 재금융하는 방법인데, 이렇게 하면 어떻게 되는지 시각적으로 살펴보도록 하자.

(단위: 달러)

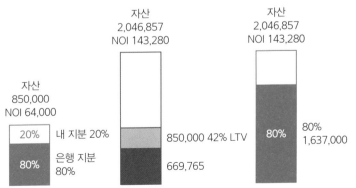

당신은 204만 6,857달러의 부동산으로, 이 자산의 80%에 해당하는 금액인 163만 7,000달러를 재금융으로 조달할 수 있다. 원래의 대출금을 갚으려면 다음과 같이 수익 중 일부를 사용해야 한다.

(단위: 달러)

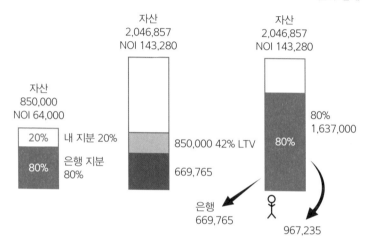

따라서 163만 7,000달러 중에서, 당신은 원래 은행에 66만 9,765달러를 갚아야 한다. 하지만 대출금을 갚고 나면 세금이 면제된 96만 7,235달러를 갖게 된다!

당신은 투자자에게 보상으로 원금의 두 배인 34만 달러를 줄 수 있고, 62만 7,235달러는 자신을 위해 가지고 있어도 해당 부동산을 여전히 소유할 수 있다.

62만 7,235달러를 통장에 입금한 후에도 매년 부동산에서 현금흐름이 창출될 것이다. 그러면 어떤 결과가 나타날지 살펴보자.

년	1	2	3	4	5
수입	100,000.00	180,000.00	183,600.00		
비용	-36,000.00	-36,720.00	-37,454.40		
NOI	64,000.00	143,280.00	146,145.60		
부채	-44,234.98	-44,234.98	-106,520.80		
현금흐름	19,765.02	99,045.02	39,624.80		
자산가치	850,000.00	2,046,857.14	2,087,794.29		
부채 잔액	-680,000.00	-699,765.02	-1,637,485.71		
지분	170,000.00	1,377,092.12	450,308.57		

당신의 부채 상환액은 두 배 이상 증가하겠지만, 여전히 매년 약 4만 달러의 현금흐름을 얻게 될 것이고, 시간이 지남에 따라 금액은 증가할 것이다. 현금흐름과 더불어, 만약 부동산을 매각한다면 당신에게 돌아올 20%의 지분도 여전히 보유하고 있다! 20%는 45만 달러다!

당신 및 투자자 부분에 대해 정리를 해보자.

● 17만 달러 투자

1. 2년 안에 상환 후 연간 현금흐름 창출은 9만 4,000달러
2. 전체를 재금융한 뒤 96만 7,000달러를 찾아 당신과 투자자가 분배한 후 매년 약 4만 달러의 현금흐름 창출
3. 부동산을 팔고 450만 달러를 더 가지고 떠난다.
   - 앞으로 수십 년 동안 세입자들한테 빚을 갚으라고 한다.
   - 자산가 상승 및 임대료 상승의 이점

- 감가상각 혜택으로 인해 세금을 안 내거나 거의 내지 않는다.
- 45만 달러의 자기자본을 가지고 다시 한 번 1031 교환제도를 다시 활용한다.

이보다 더 좋은 아이디어가 있을 수 있을까?

내가 당신에게 알려주는 이 숫자들은 단지 하나의 예일 뿐이다. 당신은 투자자들에게 돈을 전부 돌려주고, 당신이 보유한 자산에 성공적으로 가치를 더하여 큰 수익을 얻을 수 있는 여러 선택지를 가지고 있다. 이 모든 것은 부동산의 기본을 이해함으로써 가능하다. 자본금 운용 방법이나 부동산 자금 조달 방법을 모른다면 이것을 이해할 수 없을 것이다. 그리고 이 모든 것을 이해하면 실행하기만 하면 된다!

오늘
시작하는
방법

그래서 지금 당신은 필시 이것이 매우 훌륭한 방법이라고 혼자 생각하고 있을 것이다. 이 책을 읽게 되어 너무 기쁘고 부동산의 이점을 활용할 준비가 되어 있다. 현재 다음과 같은 세 가지 상황 중 하나에 처해 있을 것이다.

1. 돈은 있지만 시간이 없다.
2. 시간은 있지만 돈이 없다.
3. 돈과 시간이 있다.

이제 각 상황에서 어떻게 시작할 수 있는지 알아보자.

돈은 있지만
시간이 없다

이 경우는 내가 자주 말하는 사람들이다. 만약 당신이 변호사나 의사, 엔지니어라면 당신일 수도 있다. 금전적으로 문제없이 잘 되는 본업을 가지고 있지만, 산 채로 세금에 잡아먹히고 있다. 이들은 주일에도 일을 하며, 부동산 문제에 여가 시간을 할애하고 싶어 하지 않는 사람들이다. 이 사람들은 현금을 쌓아두고 있을 뿐이고 세금을 덜 내기를 원한다. 그리고 이들은 주로 나와 같은 사람들과의 거래에 투자할 여력이 있는 사람들이다.

부동산 세계에서는 나처럼 투자자의 돈을 받아 부동산을 사들여 서로 이익을 얻는 사람들이 있다. 나는 이를 '후원자' 또는 '협력자'라 부른다.

투자자는 거래를 위해 돈을 가져오고 협력자는 거래를 찾아 나선다. 또한 거래의 밑그림을 그리거나 대출 은행을 찾고, 부동산을 매입하거나 부동산 가치를 높이고, 부동산을 관리하고 재금융을 한다. 또한 후원자는 건물과 관련된 직원과 세입자를 관리하는 일을 맡는다.

훌륭한 협력자가 되기 위해서는 상당한 양의 작업을 해야 하고 지식이 있어야 한다.

이런 관계에서 투자자는 돈이 많지만 시간이 많지 않기 때문에 서로가 윈윈할 수 있다. 투자자 역시도 전문성을 가질 수 있고 그렇지 않을 수도 있다. 투자자는 투자를 실행하기 위해 무엇을 해야 하는지 평판이 좋은 전문가에게 의지한다.

만약 당신이 의사, 변호사, 엔지니어, 경영자, 기업가, 또는 정말로 즐겁게 일하고 있고 돈을 벌고 있다고 치자. 다만 이런 투자를 찾고 매매하고 운영할 시간이 없다면, 나 같은 후원자와 함께 팀을 꾸리고 싶을지도 모른다.

전에 들어본 적이 있을지 모르겠지만, 나와 같은 사람은 전국에 걸쳐 부동산 거래를 하고 있으며 투자자들을 매우 부유하게 만들어주고 있다.

협력자와 함께 투자할 경우 유의해야 할 한 가지는 그가 성공 경험을 갖고 있는지 확인하는 것이다. 만약 협력자가 세미나에 가서 유튜브 비디오 몇 개를 봤지만, 자산은 전혀 소유하지 않고 있다면, 투자자로써 당신은 그들을 따라잡고 싶을 것이다.

사실은 부동산을 소유하고 운영하는 세계에서는 배울 것이 많고, 후원자의 먹잇감이 되고 싶어 하지 않을 것이다. 후원자와 함께 투자하기 전에 항상 물어봐야 힐 질문은 다음과 같다.

- 지난번 거래에 대해 말해 주세요.
- 당신의 전략은 무엇인가?
- 어떤 시장에 투자하고 있으며 이유는 무엇인가?
- 어떤 법적 구조를 활용할 예정인가?
- 당신과 함께 투자하려면 허가를 받아야 하는가?
- 안 좋았던 거래에 대해 말해 주세요. 그 실패를 어떻게 처리했는가?
- 출구 전략은?

이런 질문에 어떻게 대답해야 할까?

- **지난번 거래에 대해 말해 주세요.**
  후원자가 하고 있는 모든 것에 대해 물어보라. 만약 그들이 대답할 수 없다면 그들은 초보자일 것이고 당신은 그들의 실험용 쥐가 될 것이다.

- **당신의 전략은 무엇인가?**
  만약 후원자가 어떻게 돈을 벌 계획인지 빨리 대답하지 못한다면, 당신은 무서운 여행을 하고 있기 때문에 안전벨트를 꽉 매야 할 것이다.

- **어떤 시장에 투자하고 있으며 이유는 무엇인가?**
  투자자는 시장(부동산이 위치한 도시)의 인구통계를 항상 알고 있어야 한다. 왜 그들은 미국의 수많은 도시들 중에서 특정 시장에 투자를 하는 것일까? 만약 그들이 시장에 관심을 기울이지 않고 거래만 보고 있다면 조심해서 진행해야 한다. 시장은 비즈니스 계획을 실행할 수 있는 가장 중요한 요소다.

- 어떤 법적 구조를 활용할 예정인가?

확실하지 않다면 주의해야 한다. 확신 없이 법률 상담에 의지하는 것과, 확신할 수 있는 길이 없는 경우는 다르다. 변호사는 양쪽 모두에게 유익하다. 항상 누가 어떤 책임을 맡고, 모든 사람이 어떻게 보수를 분배할지 명확히 명시된 운영 계약을 체결해야 한다. 사용하기로 선택한 법적 구조에 따라 세금 납부 금액과 법적 책임이 결정된다. 법률 서류는 항상 미리 작성하도록 한다. 이 또한 투자이며 모두 가치가 있다.

- 당신과 함께 투자하려면 허가를 받아야 하는가?

허가를 받으려면 개인 거주지를 제외한 순자산이 100만 달러 이상이어야 한다. 미혼일 경우 연간 20만 달러, 기혼일 경우 연간 30만 달러의 소득이 있어야 인가를 받을 수 있다. 후원자가 승인을 받지 않은 한, 투자자의 돈을 가져가는 것을 금지하는 많은 규정이 있다. 여기에는 몇 가지 허점이 있으므로 이를 어떻게 처리할 계획인지 후원자에게 문의하라. 허가를 받지 않은 경우에도 협조금융에는 투자할 수 있다. 이 경우 공인되지 않은 투자자도 받아주는 협조금융을 찾으면 된다.

- 안 좋았던 거래에 대해 말해 주세요. 그 실패를 어떻게 처리했는가?

일이 잘 풀리면 인생이 쉽고 모두가 하이파이브인데, 일이 계획대로 되지 않을 때 돈을 다루는 사람은 어떻게 행동할까? 포기하고 당신을 진창에 남겨두고 먼저 도망가는가? 이것은 당신이 확실히 묻고 싶은 질문일 것이다. 반응을 자세히 들어보고, 만약 일이 계획대로 되지 않았을 때 이 사람과 당신의 삶이 어떨지 상상해 보라.

- 출구 전략은?

후원자가 출구 전략을 가지고 있지 않다면 나는 투자를 피할 것이다. 투자를 시작하기 전에 항상 자신에게 이 투자가 언제 어떻게 끝날 것인지 자문해 봐야 한다. 출구 전략은 재금융일 수도 있고 저가 매각일 수도 있다. 출구 전략이 없다고 하는 것은 출구 전략이 아니다.

이들 질문 중에서 하나라도 대답이 이상하다면 주의해서 진행해야 한다. 투자자로서 당신은 여전히 가치 상승, 레버리지, 현금 흐름, 자본 축적, 세제 혜택을 누리는 동안에도 거의 또는 전혀 시간이 필요하지 않는 수동적 투자에 참여해야 한다.

만약 당신이 '우편함 돈'이라는 말을 들어본 적이 있다면, 이것이 바로 내가 여기서 말하고자 하는 상황이다. 당신이 유능한 후원자와 제휴한 뒤 투자를 할 때, 당신에게 있는 유일한 의무는 매달 당신에게 보내진 당좌수표를 찾으러 우체통을 들여다보는 것이다.

시간은 있지만
돈이 없다

나는 대학 다닐 때 처음 투자를 시작했다. 시간은 충분했지만 큰 돈이 없는 가난한 대학생이었다. 내 개인적인 여정은 멘토를 찾는 것이었고, 부동산 투자 요령을 배우기 위해 1년 넘게 무료로 일하는 것이었다. 운 좋게도 나는 여러분들과 많은 지식을 공유할 수 있게 되었고, 여러분의 여정을 단축시킬 수 있었다. (처음 시작할 때 이 책이 있었으면 정말 좋았을 것이다.)

여러분은 내가 했던 것과 같은 길을 택해, 여러분 근처에 있는 투자자를 찾아 그들의 일을 도우면서 가르쳐 달라고 요청할 수 있을 것이다. 당신이 그림자처럼 그들을 따라다니며 그들이 거래하는 것을 볼 수 있다면, 당신의 경험은 차곡차곡 쌓일 것이다. 일단 몇 번 거래하는 경험을 쌓기 시작하면, 당신은 자신감을 얻기 시작하고 잠재 투자자들과 전문적인 대화를 나눌 수 있게 될 것이다.

가장 적극적이고 성공적인 투자자들은 그림자 취급되는 것을 원하지 않는다는 사실을 알아야 한다. 물론 내가 기꺼이 배려했기에 성공적이었고 잘 먹혔다! 나는 시간을 내서 최선을 다하면서도 어떤 대가도 요구하지 않았다. 나는 아무것도 요구하지 않았을 뿐 아니라, 기꺼이 배우고 투자자의 비즈니스에 가치를 더하려고 노력했다.

만약 내가 내 시간에 인색하거나 게으르고, 그들의 귀중한 시간을 빼앗았다면, 멘토 관계는 잘 되지 않았을 것이다. 만약 여러분이 멘토를 찾을 생각이라면, 그들의 삶과 비즈니스에 가치를 더하는 방법을 먼저 찾아야 한다.

성공한 사람이 자신의 시간을 기꺼이 당신에게 줄 때, 존중하고 금처럼 다뤄라.

가장 성공한 투자자들은 자신의 시간을 누군가와 함께 썩어 나가도록 낭비하지 않을 것이다. 함께 미팅을 하더라도 항상 그들의 시간을 존중하라. 반드시 일찍 나타나서 전문적으로 차려입고 사전에 그들에 대해 조사를 하고 전문적인 질문을 하도록 노력하라.

미팅 참석을 꺼려하는 경우, 만남에 가치를 추가할 수 있는 방법을 찾아라. 그들에게 이익이 될 수 있는 흥미로운 이야기를 찾아 보내라. 좋다고 생각하는 몇 가지 거래를 찾아 투자자에게 가져다주는 것이다. 창의력을 발휘하고 실현하라!

또 다른 방법은 극도로 검소하게 생활하면서 가능한 한 많은 현금을 저축하는 것이다. 쉽지 않겠지만 의지를 발휘한다면 당신은 첫 번째 투자를 할 수 있는 돈을 모을 수 있을 것이다. 0%대 이율을 적용하는 신용 카드사와 모아둔 현금을 이용하는 등의 전략이 있을 수 있다. 심지어 부동산을 임대한 다음 전대하여 첫 거래에 투입할 자금을 마련할 수도 있을 것이다. 또는 내가 했던 것처럼 교육을 받음으로써, 1년에 10만 8,000달러를 버는 거래를 찾을 수도 있다. 그러한 사례는 이 책 뒷부분에서 찾을 수 있다.

여러분은 당장 뛰쳐나가 돈을 벌고 싶다는 유혹을 느낄 수 있다. 그런 당신에게 나는 격려의 박수를 보내며 항상 자신에게 보상하길 바란다. 진실은 투자자를 끌어들이기 전에 먼저 자기 돈으로 거래를 해봐야 한다는 점이다.

첫 거래에서 부동산을 매입하고 관리하고, 이익을 얻는 방법에 대해 많은 것을 배우게 될 것이다. 나는 첫 거래에서 돈을 벌지 못하더라도 여전히 그렇게 해야 한다고 생각한다. 여러분이 배울 정보는 평생 여러분 곁에 있을 것이고 매우 귀중한 지식이 될 것이다. 물론 여러분은 항상 돈을 버는 것을 목표로 삼아야 한다!

돈과 시간이 있다

당신이 돈을 많이 벌지만 시간이 많이 필요하지 않은 인터넷 사업을 하고 있다면 여기에 해당된다. 아니면 은퇴해서 돈도 벌고 바쁘게 지낼 수 있도록 소일거리를 찾고 있는 것일 수도 있다. 어떤 경우든, 돈과 시간이 있다면 자신의 돈으로 부동산 투자를 시작해 보라고 제안하고 싶다.

여러분이 이 책에서 배운 교훈으로부터 놀라운 출발과 시작할 수 있는 매우 좋은 길을 찾게 될 것이다. 보유하고 있는 현금 액수에 따라 첫 투자 규모가 결정된다. 워렌 버핏은 "두 발로 강의 깊이를 시험하지 말라."고 했다. 첫 번째 투자에 보유한 현금을 모두 쓰지 않는 것이 좋다. 첫 번째 투자에서는 많은 것들을 배울 수 있는데, 그중 일부는 돈이 많이 들 수도 있다. 이런 것들로 인해 시작하는데 방해를 받지 않아야 한다. 모든 성공적인 투자자들은 많은 교훈을 배운 첫 번째 투자 경험을 갖고 있다.

당신은 책을 읽거나 세미나에 참석하는 등 계속 배워야 한다.

나는 왜 많은 사람들이 10만 달러 이상의 비용이 드는 교육을 받기 위해, 먼저 대학부터 뛰어들려고 하는지 이해할 수 없다. 그러나 10분의 1의 비용이 드는 과정이나 세미나에는 시간과 돈을 쓰려 하지 않는다.

나는 실제로 돈을 벌어 더 유능하고 더 나은 인간이 되는 법을 알려주는 그런 과정이나 세미나를 좋아한다. 나는 내 삶을 최적화하기 위해 끊임없이 다른 사람들로부터 배우고 있으며 당신도 그래야 한다.

마무리

이 책을 선택하고 자신을 위해 투자해 줘서 감사하다!

더 나은 삶을 살고 더 많은 부를 원하지만, 어떻게 그렇게 할 수 있는지 핵심을 모르는 사람들을 위해 이 책을 썼다. 그리고 이 책이 부동산 투자에 참여하기로 결정한 사람들에게, 엄청난 부를 창출할 수 있는 부동산의 고유한 힘에 눈을 뜨게 해 주었기를 바란다. 일단 당신이 부동산에 올바르게 투자하기 시작하면, 당신은 부동산의 혜택에 영원히 빠져들 것이라고 자신 있게 말할 수 있다.

마무리하면서 여러분이 이 지식을 잘 흡수했을 뿐만 아니라 중요하게 활용하는 것이 얼마나 중요한지 다시 한 번 강조하고 싶다. 행동이 없는 지식은 쓸모가 없다. 이제 여러분은 전 세계에서 극소수의 사람들만 알고 있는 지식을 갖게 되었다. 꼭 활용하라! 안전지대에만 머물러 있지 말고 박차고 일어나서 지금 바로 행동하라!

선진국형 부동산 투자법

초판 1쇄 · 2022년 5월 30일

지은이 · 하이든 크랩트리(Hayden Crabtree)
감역자 · 박인섭
제 작 · ㈜봄봄미디어
펴낸곳 · 봄봄스토리
등 록 · 2015년 9월 17일(No. 2015-000297호)
전 화 · 070-7740-2001
이메일 · bombomstory@daum.net

ISBN 979-11-89090-55-5(03320)
값 18,000원